पुराण साहित्य भारतीय जीवन और साहित्य की अक्षुण्ण निधि है। इनमें मानव जीवन के उत्कर्ष और अपकर्ष की अनेक गाथाएं मिलती हैं। अठारह पुराणों में अलग-अलग देवी-देवताओं को केन्द्र में रखकर पाप और पुण्य, धर्म और अधर्म, कर्म और अकर्म की गाथाएं कही गई हैं। इस रूप में पुराणों का पठन और आधुनिक जीवन की सीमा में मूल्यों की स्थापना आज के मनुष्य को एक निश्चित दिशा दे सकता है।

निरन्तर द्वन्द्व और निरन्तर द्वन्द्व से मुक्ति का प्रयास मनुष्य की संस्कृति का मूल आधार है। पुराण हमें आधार देते हैं। इसी उद्देश्य को लेकर पाठकों की रुचि के अनुसार सरल, सहज भाषा में प्रस्तुत है पुराण-साहित्य की श्रृंखला में **'स्कन्द पुराण'**।

स्कन्द पुराण

डॉ. विनय

डायमंड बुक्स

प्रकाशक : डायमंड पॉकेट बुक्स (प्रा.) लि.
X-30 ओखला इंडस्ट्रियल एरिया, फेज-II
नई दिल्ली-110020
फोन : 011-40712200
ई-मेल : sales@dpb.in
वेबसाइट : www.diamondbook.in
मुद्रक : रेप्रो (इंडिया)

Skanda Puran

By : Dr. Vinay

प्रस्तावना

भारतीय जीवन-धारा में जिन ग्रंथों का महत्त्वपूर्ण स्थान है उनमें पुराण भक्ति ग्रंथों के रूप में बहुत महत्त्वपूर्ण माने जाते हैं। पुराण-साहित्य भारतीय जीवन और साहित्य की अक्षुण्ण निधि है। इनमें मानव जीवन के उत्कर्ष और अपकर्ष की अनेक गाथाएं मिलती हैं। भारतीय चिंतन-परंपरा में कर्मकांड युग, उपनिषद् युग अर्थात् ज्ञान युग और पुराण युग अर्थात् भक्ति युग का निरंतर विकास होता हुआ दिखाई देता है। कर्मकांड से ज्ञान की ओर आते हुए भारतीय मानस चिंतन के ऊर्ध्व शिखर पर पहुंचा और ज्ञानात्मक चिंतन के बाद भक्ति की अविरल धारा प्रवाहित हुई।

विकास की इसी प्रक्रिया में बहुदेववाद और निर्गुण ब्रह्म की स्वरूपात्मक व्याख्या से धीरे-धीरे भारतीय मानस अवतारवाद या सगुण भक्ति की ओर प्रेरित हुआ। पुराण साहित्य सामान्यतया सगुण भक्ति का प्रतिपादन करता है। यहीं आकर हमें यह भी मालूम होता है कि सृष्टि के रहस्यों के विषय में भारतीय मनीषियों ने कितना चिंतन और मनन किया है। पुराण साहित्य को केवल धार्मिक और पुरा कथा कहकर छोड़ देना उस पूरी चिंतन-धारा से अपने को अपरिचित रखना होगा जिसे जाने बिना हम वास्तविक रूप में अपनी परंपरा को नहीं जान सकते।

परंपरा का ज्ञान किसी भी स्तर पर बहुत आवश्यक होता है, क्योंकि परंपरा से अपने को संबद्ध करना और तब आधुनिक होकर उससे मुक्त होना बौद्धिक विकास की एक प्रक्रिया है। हमारे पुराण-साहित्य में सृष्टि की उत्पत्ति, विकास-मानव उत्पत्ति और फिर उसके विविध विकासात्मक सोपान इस तरह से दिए गए हैं कि यदि उनसे चमत्कार और अतिरिक्त विश्वास के अंश ध्यान में न रखे जाएं तो अनेक बातें बहुत कुछ विज्ञानसम्मत भी हो सकती हैं, क्योंकि जहां तक सृष्टि के रहस्य का प्रश्न है विकासवाद के सिद्धांत के बावजूद और वैज्ञानिक जानकारी के होने पर

भी वह अभी तक मनुष्य की बुद्धि के लिए एक चुनौती है और इसलिए जिन बातों का वर्णन सृष्टि के संदर्भ में पुराण-साहित्य में हुआ है उसे एकाएक पूरी तरह से नहीं नकारा जा सकता।

महर्षि वेदव्यास को इन 18 पुराणों की रचना का श्रेय है। महाभारत के रचयिता भी वेदव्यास ही हैं। वेदव्यास एक व्यक्ति रहे होंगे या एक पीठ, यह प्रश्न दूसरा है और यह बात भी अलग है कि सारे पुराण कथा-कथन शैली में विकासशील रचनाएं हैं। इसलिए उनके मूल रूप में परिवर्तन होता गया, लेकिन यदि ध्यानपूर्वक देखा जाए तो ये सारे पुराण विश्वास की उस भूमि पर अधिष्ठित हैं जहां ऐतिहासिकता, भूगोल का तर्क उतना महत्त्वपूर्ण नहीं रहता जितना उसमें व्यक्त जीवन-मूल्यों का स्वरूप। यह बात दूसरी है कि जिन जीवन-मूल्यों की स्थापना उस काल में पुराण-साहित्य में की गई, वे हमारे आज के संदर्भ में कितने प्रासंगिक रह गए हैं ? लेकिन साथ में यह भी कहना होगा कि धर्म और धर्म का आस्थामूलक व्यवहार किसी तर्क और मूल्यवत्ता की प्रासंगिकता की अपेक्षा नहीं करता। उससे एक ऐसा आत्मविश्वास और आत्मलोक जन्म लेता है जिससे मानव का आंतरिक उत्कर्ष होता है और हम कितनी भी भौतिक और वैज्ञानिक उन्नति कर लें अंततः आस्था की तुलना में यह उन्नति अधिक देर नहीं ठहरती। इसलिए इन पुराणों का महत्त्व तर्क पर अधिक आधारित न होकर भावना और विश्वास पर आधारित है और इन्हीं अर्थों में इनका महत्त्व है।

जैसा कि हमने कहा कि पुराण-साहित्य में अवतारवाद की प्रतिष्ठा है। निर्गुण निराकार की सत्ता को मानते हुए सगुण साकार की उपासना का प्रतिपादन इन ग्रंथों का मूल विषय है। 18 पुराणों में अलग-अलग देवी देवताओं को केन्द्र में रखकर पाप और पुण्य, धर्म और अधर्म तथा कर्म और अकर्म की गाथाएं कही गई हैं। उन सबसे एक ही निष्कर्ष निकलता है कि आखिर मनुष्य और इस सृष्टि का आधार-सौंदर्य तथा इसकी मानवीय अर्थवत्ता में कहीं-न-कहीं सद्गुणों की प्रतिष्ठा होनी ही चाहिए। आधुनिक जीवन में भी संघर्ष की अनेक भावभूमियों पर आने के बाद भी विशिष्ट मानव मूल्य अपनी अर्थवत्ता नहीं खो सकते। त्याग, प्रेम, भक्ति, सेवा, सहनशीलता आदि ऐसे मानव गुण हैं जिनके अभाव में किसी भी

बेहतर समाज की कल्पना नहीं की जा सकती। इसीलिए भिन्न-भिन्न पुराणों में देवताओं के विभिन्न स्वरूपों को लेकर मूल्य के स्तर पर एक विराट आयोजन मिलता है। एक बात और आश्चर्यजनक रूप से पुराणों में मिलती है कि सत्कर्म की प्रतिष्ठा की प्रक्रिया में अपकर्म और दुष्कर्म का व्यापक चित्रण करने में पुराणकार कभी पीछे नहीं हटा और उसने देवताओं की कुप्रवृत्तियों को भी व्यापक रूप में चित्रित किया है, लेकिन उसका मूल उद्देश्य सद्भावना का विकास और सत्य की प्रतिष्ठा ही है।

कलियुग का जैसा वर्णन पुराणों में मिलता है, आज हम लगभग वैसा ही समय देख रहे हैं। अतः यह तो निश्चित है कि पुराणकार ने समय के विकास में वृत्तियों को और वृत्तियों के विकास को बहुत ठीक तरह से पहचाना। इस रूप में पुराणों का पठन और आधुनिक जीवन की सीमा में मूल्यों का स्थापन आज के मनुष्य को एक दिशा तो दे सकता है, क्योंकि आधुनिक जीवन में अंधविश्वास का विरोध करना तो तर्कपूर्ण है, लेकिन विश्वास का विरोध करना आत्महत्या के समान है।

प्रत्येक पुराण में हजारों श्लोक हैं और उनमें कथा कहने की प्रवृत्ति तथा भक्त के गुणों की विशेषणपरक अभिव्यक्ति बार-बार हुई है, लेकिन चेतन और अचेतन के तमाम रहस्यात्मक स्वरूपों का चित्रण, पुनरुक्ति भाव से होने के बाद भी बहुत प्रभावशाली हुआ है और हिन्दी में अनेक पुराण यथावत् लिखे गए। फिर प्रश्न उठ सकता कि हमने इस प्रकार पुराणों का लेखन और प्रकाशन क्यों प्रारंभ किया। उत्तर स्पष्ट है कि जिन पाठकों तक अपने प्रकाशन की सीमा में अन्य पुराण नहीं पहुंचे होंगे हम उन तक पहुंचाने का प्रयास करेंगे और इस पठनीय साहित्य को उनके सामने प्रस्तुत कर जीवन और जगत् की स्वतंत्र धारणा स्थापित करने का प्रयास कर सकेंगे।

हमने मूल पुराणों में कही हुई बातें और शैली यथावत् स्वीकार की हैं और सामान्य व्यक्ति को भी समझ में आने वाली भाषा का प्रयोग किया है। किंतु जो तत्त्वदर्शी शब्द हैं उनका वैसा ही प्रयोग करने का निश्चय इसलिए किया गया कि उनका ज्ञान हमारे पाठकों को उसी रूप में हो।

हम आज के जीवन की विडंबनापूर्ण स्थिति के बीच से गुजर रहे हैं। हमारे बहुत सारे मूल्य खंडित हो गए हैं। आधुनिक ज्ञान के नाम पर

विदेशी चिंतन का प्रभाव हमारे ऊपर अधिक हावी हो रहा है इसलिए एक संघर्ष हमें अपनी मानसिकता से ही करना होगा कि अपनी परंपरा जो ग्रहणीय है, मूल्यपरक है उस पर फिर से लौटना होगा। साथ में तार्किक विदेशी ज्ञान भंडार से भी अपरिचित रहना होगा–क्योंकि विकल्प में जो कुछ भी हमें दिया है वह आरोहण और नकल के अतिरिक्त कुछ नहीं। मनुष्य का मन बहुत विचित्र है और उस विचित्रता में विश्वास और विश्वास का द्वंद्व भी निरंतर होता रहता है। इस द्वंद्व से परे होना ही मनुष्य जीवन का ध्येय हो सकता है। निरंतर द्वंद्व और निरंतर द्वंद्व से मुक्ति का प्रयास मनुष्य की संस्कृति के विकास का यही मूल आधार है। पुराण हमें आधार देते हैं और यही ध्यान में रखकर हमने सरल, सहज भाषा में अपने पाठकों के सामने पुराण–साहित्य प्रस्तुत करने का प्रयास किया है। इसमें हम केवल प्रस्तोता हैं, लेखक नहीं। जो कुछ हमारे साहित्य में है उसे उसी रूप में चित्रित करते हुए हमें गर्व का अनुभव हो रहा है।

'डायमण्ड पॉकेट बुक्स' के श्री नरेन्द्र कुमार जी के प्रति हम बहुत आभारी हैं कि उन्होंने भारतीय धार्मिक जनता को अपने साहित्य से परिचित कराने का महत् अनुष्ठान किया है। देवता एक भाव संज्ञा भी है और आस्था का आधार भी। इसलिए वह हमारे लिए अनिवार्य है और यह पुराण उन्हीं के लिए है जिनके लिए यह अनिवार्य है।

–डॉ॰ विनय

श्री स्कन्द पुराण का महत्त्व

स्कंद पुराण मुख्यतः शैव पुराण है पर इसमें कई अन्य देवताओं विष्णु, ब्रह्मा, आदि का भी वर्णन है। इसके छः खण्ड हैं। इसका पहला खण्ड महेश्वर खण्ड है जिसमें शिव के जीवन व उनकी लीलाओं का वर्णन है। जो तीन खण्डों में विभाजित है—केदार खण्ड, कुमारिक खण्ड और अरुणाचल माहात्म्य खण्ड। इसमें 'ॐ नमः शिवाय' के अतिरिक्त और कोई मंत्र नहीं चलता, के महत्त्व को बताया है।

दूसरा खण्ड वैष्णव खण्ड है। यह बहुत ही पुण्यदायक, ज्ञानवर्द्धक और मोक्ष प्राप्ति के लिए उपयोगी है। इसमें मार्ग शीर्ष मास, वैशाख मास माहात्म्य और कार्तिक मास के रहस्यमय तथ्यों को प्रकट किया है। इस में महादेवी के महोत्सव के विषय में बताया है। भगवान् विष्णु को वैष्णवी शक्ति का रूप माना है और नारद जी ने वैष्णव धर्म के विषय में बताया है। वैशाख के महीने के महत्त्व को बताया है। सभी मनु गणों में स्वाभुव मनु और इसके बाद उसके अनेक मनु के बारे में बताया है।

तीसरा इस पुराण का ब्रह्म खण्ड है। इसमें सेतु माहात्म्य, चातुर्मास्य माहात्म्य, माहात्म्य का विवरण है। सेतु माहात्म्य में रामेश्वर क्षेत्र की महीमा का वर्णन है। पितृगण के लिए सुखप्रद तर्पण करना चाहिए। इनके पांच प्रकार बताएं हैं। व्यासजी ने ह्यग्रीव के वृत्तान्त का वर्णन किया है।

चौथा खण्ड इसमें काशी खण्ड है। इसमें तीर्थों का राजा प्रयाग को बताया है साथ ही मणिकार्णिका के विषय में वर्णन है। गंगा के सेवन को मनुष्य के लिए लाभदायक बताया है। ज्ञानवापीक विषय में बताया है। प्राणायाम के तीन प्रकार का वर्णन है।

पांचवां खण्ड अवन्ती खण्ड है। इसमें भी गंगा नदी की पवित्रता के बारे में बताया पर साथ में यमुना व अन्य नदियों के महत्त्व को बताया है। अग्नि की उत्पत्ति के विषय में बताया है। महाकाल की यात्रा का वर्णन

है इसके उपरान्त श्री सनत्कुमार जी ने व्यासजी का एक तत्व कथा सुनाई। जमदग्नि के पुत्र परशुराम की भी कथा कही गई है। नाग तीर्थ की महिमा का वर्णन है। अवन्ती की पुण्य महिमा का वर्णन है।

अन्तिम खण्ड रेवा खण्ड है। यह मार्कण्डेय द्वारा कहा गया है और उन्होंने युधिष्ठिर के प्रश्नों का उत्तर दिया है। गंगा नदी की श्रेष्ठता को बताया है। नर्मदा नदी के महत्त्व को बताया है। यक्ष कुबेर की कथा है। उन्होंने इसके बाद भगवान् शिव ने संसार का संहार किया है तो उस रौद्र रूप का दर्शन करते हुए उसका वर्णन किया है। रावण के मन्दोदरी से विवाह व उसके पुत्र के उत्पन्न होने की कथा है। भिमेश्वर तीर्थ वर्णन मार्कण्डेय जी ने किया है। पशाचेश्वर तीर्थ के महत्त्व को बताया है। अंत में तुंगधवज नामक राजा की कथा है।

इस तरह स्कंद पुराण मोक्ष प्राप्ति का स्रोत है और इसमें गंगा, यमुना आदि का वर्णन है।

अनुक्रमणिका

महेश्वर खण्ड

एक बार नैमिषारण्य में लोमश मुनि आए। लोमशजी का स्वागत करते हुए वहां के ऋषियों ने उनसे शिवधर्म कथा का विस्तार से वर्णन करने का निवेदन किया। ऋषियों की प्रार्थना सुनकर लोमशजी ने कहा–

एक बार दक्ष प्रजापति नैमिषारण्य में आए। सभी ऋषि-मुनियों ने उनका अभिवादन किया। वहीं पर स्थित शिव तटस्थ बने रहे। इस पर दक्ष नाराज हो गए। उन्होंने शिव के लिए कहा कि यह शिव (रुद्र) यज्ञों से बहिष्कृत किया जाएगा। यह सुनकर नंदीश्वर को क्रोध आ गया और उन्होंने भी दक्ष को शाप दे डाला। नंदीश्वर ने कहा कि आपने भगवान् शिव को शाप दिया है। आप स्वयं स्वार्थ में लिप्त हैं–आपके साथ ब्राह्मण भी स्वार्थी हैं। अतः ये सब दरिद्र हो जायेंगे।

यह सुनकर शिवजी ने नंदीश्वर से कहा कि तुमने व्यर्थ ही ब्राह्मणों को शाप दिया है। ब्राह्मण सदा गुरु हैं। वेदवाद में लगे रहते हैं। इन्हें शाप नहीं देना चाहिए। आपको क्रोध से मुक्त होकर रहना चाहिए। यह सब कुछ सुनकर नंदीश्वर भगवान् शिव के साथ अपने आनन्द में निमग्न हो गये और दक्ष भी अपने धाम चले गए।

अपने धाम जाकर भी दक्ष सदा शिवजी के विरोध की बातें सोचने लगे। उन्होंने शिव की उपेक्षा करने का निश्चय कर लिया। दक्ष ने कनखल तीर्थ में एक यज्ञ का आयोजन किया और उस यज्ञ में विष्णु सहित सभी देवी-देवताओं को बुलाया। जब सभी देवी-देवता यज्ञ में एकत्रित हुए तो उन्होंने देखा कि भगवान् शिव तो इस यज्ञ में निमंत्रित हैं ही नहीं। यह जानकर उन्हें आश्चर्य हुआ। उन्होंने विचार किया कि इंद्र विष्णु आदि जाकर शिव को बुलाकर लाएं। पर दक्ष ने कहा कि समस्त देवों के मूल भगवान् विष्णु यहां पर विराजमान हैं तथा अन्य देवगण भी हैं। रुद्र पिशाचों के पति, दुरत्यय और हमारे कर्म के अयोग्य हैं अतः मैंने

उनको नहीं बुलाया। आज सब लोग मेरे इस यज्ञ को सफल बनाएं और शिवजी की माया से मोहित देवताओं को भी इस बात का ध्यान नहीं रहा कि शिवजी आमंत्रित नहीं है। शिवभक्त दधीचि ने दक्ष को बताया कि शिव के अभाव में यज्ञ पूर्ण रूप से सफल नहीं होगा, तो दक्ष शिवजी को अनेक अपशब्द कहकर विष्णु को सब देवों का मूल बताया। दधिचि, शिव की बुराई नहीं सुन सके और वहां से अकेले ही उठकर अपने आश्रम में आ गए। दधिचि का अनुगमन करते हुए अनेक शिवभक्तों ने यज्ञ का बहिष्कार किया। इस पर दक्ष बोले कि यह बहिष्कार हमारे लिए सुख का कारण है और हमें उनका यज्ञ परित्याग करना बहुत अच्छा लगा। दक्ष की यह बात सुनकर भी ऋषि और देवताओं का विवेक नहीं जागा, क्योंकि वे शिवजी की माया से मोहित थे। वे सब प्रसन्नतापूर्वक यज्ञ के कार्य में लग गये।

इस ओर उमा (सती) गन्धमादन पर्वत पर क्रीड़ा कर रही थीं तो उन्होंने अनेक ऋषियों और देवताओं की आकाश मार्ग से एक ही तरफ जाते हुए देखा और इसका पता लगाने के लिए अपनी सखी विजया को भेजा। विजया ने आकर बताया तो सती शिवजी के पास पहुंच गई। सती ने शिवजी से कहा कि वह अपने पिता के यज्ञ में सम्मिलित होना चाहती हैं। सती ने यह भी कहा कि शिवजी उनके साथ चलें। सती की बात पर शिवजी क्षुब्ध हुए लेकिन उन्होंने अत्यंत संयत स्वर में कहा कि संबंधियों के यहां आने जाने से निश्चित रूप से प्रेम बढ़ता है किन्तु जहां वैमनस्य हो वहां बिना बुलाए नहीं जाना चाहिए। वहां जाने से अपमान होता है। सती ने जब यह सुना तो उन्हें बहुत आश्चर्य हुआ कि शिवजी तो यज्ञ को सफल बनाने वाले हैं, मंगलविधान संपन्न करने वाले हैं उन्हें क्यों नहीं बुलाया गया है। उन्होंने यह जानने के लिए कि पिता ने ऐसा दुष्ट कर्म क्यों किया, वहां जाने की अनुमति मांगी। वह यह भी जानना चाहती थीं कि ऋषि-मुनि दक्ष के प्रति उसके इस व्यवहार के लिए कैसी प्रतिक्रिया व्यक्त कर रहे हैं। शिवजी ने सती के अभिप्राय को जानकर उन्हें जाने की अनुमति दे दी और उनके साथ अपने रुद्र गणों को भी सुरक्षा के लिए भेज दिया।

अपने घर पहुंचने पर सती की मां और बहनों ने सती का बहुत प्रेमपूर्वक अभिवादन किया लेकिन दक्ष की तरफ के लोग सती की उपेक्षा करने लगे। यज्ञ स्थलों पर जाकर सती ने यह भी देखा कि अलग-अलग देवों का भाग रखा हुआ है लेकिन शंकर का भाग कहीं नहीं है। तब सती ने बहुत क्रोधित होकर अपने पिता से पूछा कि उन्होंने शंकर को निमंत्रित क्यों नहीं किया। सती ने भरी सभा में देवताओं के सामने यह घोषणा की कि सारी हवन सामग्री और मंत्र शिवमय हैं इसलिए शिवजी के बिना यह यज्ञ सफल नहीं हो सकता। इसके साथ सती ने विष्णु आदि देवताओं को शिव विहीन यज्ञ में सम्मिलित होने के लिए खरी-खोटी सुनाई। जब दक्ष ने देखा कि सती आमंत्रित देवताओं का भी अपने क्रोध में ध्यान नहीं कर रही है तब उनसे नहीं रहा गया और उन्होंने अपनी पुत्री को कठोर वचन सुनाए और कहा कि तेरा पति अकुलीन है। मैंने दुष्ट ब्रह्मा के कहने से तेरा विवाह किया, मैं उसे अब नहीं अपना सकता। तुम मेरी पुत्री हो और यहां आई हो इसलिए तुम्हारा भाग दिया जा सकता है लेकिन तुम्हारे पति को मैं मुंह नहीं लगाऊंगा। पिता के व्यवहार को देखकर सती को शिवजी के वचन याद आए और उन्होंने यह अनुभव किया कि वे ऐसे पापी पिता की संतान हैं जो शिवजी का निंदक है। अतः इस शरीर को भी बचाकर क्या करना? यह सोचकर उन्होंने भरी सभा में आत्मदाह करने की घोषणा की और उन्होंने अपने पिता को नरकगामी होने का श्राप दिया तथा योग के द्वारा अपने ही शरीर से अग्नि उत्पन्न कर प्राण त्याग दिए। यह देखकर सभा में हाहाकार मच गया, सभी लोग चिंतित हो उठे, 20.000 गण ठगे से रह गये और बाकी दक्ष का प्रहार करके उसे मारने के लिए दौड़े। इधर महर्षि भृगु यज्ञ में सामग्रियां डालते रहे और उन्होंने शिव गणों को रोकने की चेष्टा की। इंद्र, विष्णु आदि मौन होकर यह दृश्य देखते रहे। किसी ने भी इस सब कुछ को समाप्त करने की शक्ति संचित नहीं की। तभी आकाशवाणी हुई कि सबके ईश्वर शिवजी से विमुख प्राणी की कोई देवता सहायता नहीं कर सकता। पूज्यों की अवमानना पाप है और जो व्यक्ति महान परामर्श की उपेक्षा करता है वह आत्महत्या का भागी बनता है। दक्ष ने सती की अवमानना की है, शिवजी का अपमान किया है और

दधिचि के परामर्श की उपेक्षा की है, इसलिए दक्ष का मुख जल जाएगा। यज्ञ नष्ट हो जाएगा, देवता लोग यज्ञ-मंडप से बाहर आ जाएं। इस आकाशवाणी को सुनकर सारे देवता बहुत चिंतित हुए और उनके मुख से एक भी शब्द नहीं निकला। सारे देवता शिव की माया से विमोहित होकर संशयग्रस्त से खड़े रहे।

उधर नारदजी से यह वृत्तांत सुनकर शिवजी को इतना क्रोध आया कि उन्होंने अपनी जटा से एक केश उखाड़कर पर्वत पर दे मारा। उसके एक भाग से प्रबल पराक्रम वाला वीरभद्र और दूसरे भाग से महाकाली उत्पन्न हुईं। भगवान् शिव के क्रोध से जो गर्म सांसें निकल रही थीं उनसे अनेक प्रकार के ज्वर और त्रयोदश सन्निपात पैदा हो गए। भगवान् शिव ने वीरभद्र को आदेश दिया कि वह उसी समय जाकर अहंकार से भरे हुए दक्ष के यज्ञ का विध्वंस कर दे और जितने भी गंधर्व यज्ञ देवता आदि वहां हैं उन्हें भी भस्म कर दे। शिवजी ने वीरभद्र को आज्ञा दी कि वह पत्नी सहित दक्ष को मार डाले और दधिचि के द्वारा बताए सारे शिव विरोधियों को नष्ट करके जल्दी ही लौट आए।

शिवजी की आज्ञा प्राप्त करके बहुत बड़ी सेना को साथ लेकर वीरभद्र दक्ष के यज्ञ-विनाश के लिए चल पड़ा। दूसरी ओर ईसाषी, कात्यायनी, काली, चामुंडा, भद्रकाली, मुंडमर्दनी, भद्रावली और वैष्णवी इन नौ दुर्गाओं ने भी अपने भूतगणों के साथ दक्ष को नष्ट करने के लिए प्रस्थान किया। इन सबके प्रस्थान के साथ ही दक्ष के बायें अंग फड़कने लगे, पृथ्वी हिलने लगी, सूर्य में कलंक दिखाई देने लगा और 'दिशाएं मलिन होने लगीं। चारों तरफ आकाश से रक्त वर्षा होने लगी। यह सब कुछ देखकर विष्णु आदि देवता भी घबरा गए और दक्ष तो खून की उल्टियां करने लगा। सारे देवताओं को इस भयंकर स्थिति में आत्मरक्षा के अतिरिक्त और कुछ नहीं सूझा। वे अपनी रक्षा के लिए इधर-उधर स्थान ढूंढ़ने लगे। दक्ष इतना डर गया और ऋषियों-मुनियों को यज्ञ मंडल से भागता हुआ देखकर विष्णुजी के चरणों में गिरकर प्रार्थना करने लगा कि किसी तरह से उसके यज्ञ की रक्षा की जाए। विष्णुजी ने, जो अब शिव की माया से संभवतः मुक्त हो गए थे, कहा कि जो व्यक्ति अपने से बड़ों

का अपमान करता है उसे कदम-कदम पर दरिद्रता और विपत्ति का सामना करना पड़ता है। उन्होंने दक्ष से कहा कि इस विपत्ति को दूर करने के लिए केवल एक ही उपाय है कि शंकरजी की आराधना की जाए। जब दक्ष ने विष्णुजी से यह बात सुनी तो वह वहीं चुपचाप धरती पर बैठ गया। तभी वीरभद्र अपनी सेना सहित वहां पहुंच गया। उसके पराक्रम को देखकर दक्ष फिर पत्नी सहित विष्णुजी की शरण में गया और कहा कि हे विष्णुजी मैंने आपके ही बल पर इस यज्ञ को प्रारंभ किया था। इस यज्ञ की आप ही रक्षा कीजिए। दक्ष की प्रार्थना सुनकर विष्णुजी ने कहा कि मैं अपने दिए हुए वचन का पालन करने के लिए तैयार हूं। लेकिन तुम अपनी क्रूर बुद्धि का परित्याग करो। जब तक तुम भगवान् शंकर की शरण में नहीं जाते और वह तुम्हारे ऊपर कृपा नहीं करते हैं तब तक तुम्हारा उद्धार होना संभव नहीं है। मैं स्वयं तुम्हारे इस यज्ञ में भाग लेकर पाप का भागी बना हूं और मुझे इसके फलस्वरूप बहुत दुःख उठाना पड़ेगा। इस समय यदि हम लोग भागना भी चाहें तो भी वीरभद्र अपने आकर्षण से हमें खींच लेगा। इसलिए भगवान् शिव की कृपा के बिना बचने का और कोई रास्ता नहीं। वीरभद्र भी वहां आ गया तब और कोई उपाय न देखकर दक्ष उससे युद्ध करने के लिए तैयार हो गया और वह विष्णुजी का उपहास करने लगा। वीरभद्र के त्रिशूल से देव सेना व्याकुल हो गई। अनेक अमर मृत्यु के ग्रास बन गए और अनेक भाग गये। स्वयं देवराज इंद्र अपने को असमर्थ पा रहे थे। उन्होंने बृहस्पतिजी से पूछा कि किस प्रकार मेरी विजय हो सकती है। तब गुरुजी ने कहा कि शिवजी के विरोध में उनकी विजय असंभव है। यह जानकर सभी देवता विष्णुजी के पास आए और प्रार्थना करने लगे कि वह वीरभद्र से युद्ध करें और यज्ञ की रक्षा करें। विष्णुजी देवताओं की बात सुनकर वीरभद्र से युद्ध करें और यज्ञ की रक्षा करें। विष्णुजी देवताओं की बात सुनकर वीरभद्र से युद्ध करने के लिए जैसे ही तैयार हुए, वीरभद्र ने कहा–हे शंकर विमुख विष्णु! आप भी साक्षात् मेरे शम्भु के समान माननीय हैं। इस समय युद्ध की कामना से मेरे समक्ष उपस्थित हो गए हैं। आप शंकर के महत्त्व को जानते हैं। आप उस यज्ञ में कैसे आये जिसमें शिवजी की उपेक्षा हुई है। वीरभद्र

की बातें सुनकर हंसते हुए विष्णु बोले कि हे वीरभद्र! मैं तो शंकर का सेवक हूं और शंकर के समान ही अपने भक्तों के वश में हूं। तुम निर्द्वंद्व होकर मुझसे युद्ध करो।

फिर वीरभद्र ने मृग का रूप धारण करके भागते हुए दक्ष को पकड़कर उसका सिर काट डाला और नाखूनों से सरस्वती की नाक काट डाली। धर्म, कश्यप, प्रजापति आदि मुनियों को लातों से पीटा और देवताओं को पृथ्वी पर पटक-पटककर पीड़ित किया। मणिभद्र ने भृगुजी की छाती पर पैर रखकर उनकी दाढ़ी नोंच ली। चंडिका ने दांत उखाड़ डाला और इसके साथ ही अनेक शिव गणों ने यज्ञ स्थली में मल मूत्र की वर्षा करके उसे नष्ट-भ्रष्ट कर दिया। देवताओं और शिवगणों का भयंकर युद्ध हुआ। इंद्र की प्रार्थना पर विष्णु भी युद्ध करने लगे तो कुछ समय के लिए गण पराजित भी हुए। भृगु ने भी ऐसे मंत्रों का उपयोग किया कि देवगण विजयी हुए। वीरभद्र ने विष्णु को छोड़ा और वह इंद्र के ऊपर आक्रमण करने लगा। वीरभद्र इंद्र को आहत कर ही रहा था कि विष्णु बीच में आ गए। इसके उपरान्त फिर भयंकर युद्ध हुआ और अनेक गण तथा देवता हताहत हुए। इस सबके बाद वीरभद्र ने दक्ष की छाती पर पैर रखा और उसके सिर को मरोड़ दिया। उसने उसका धड़ तो एक ओर फेंक दिया और सिर को अग्नि में डाल दिया।

इसके बाद अपनी विजय की दुंदभि बजाता हुआ वह कैलाश पहुंचा। शिवजी उस पर बहुत प्रसन्न हुए। और उसे अपने गणों का अध्यक्ष बना लिया। शिवजी उस यज्ञशाला में वीरभद्र का कर्म देखने स्वयं उपस्थित हुए। उनके क्रोध को जानकर ब्रह्माजी विष्णुजी के पास गए, विष्णुजी ने उन सभी को इस बात का अपराधी ठहराया कि यज्ञ में शिवजी का भाग नहीं था और इस पाप का प्रायश्चित करने के लिए उन्होंने शिवजी की शरण में जाने के लिए कहा। उसके बाद विष्णुजी के नेतृत्व में सभी देवताओं को साथ लेकर ब्रह्मा शिवजी के पास गए और दंडवत होकर उनकी स्तुति की। उनकी स्तुति से शिवजी प्रसन्न हुए और तब उन्होंने विष्णुजी सहित सबसे कहा जो व्यक्ति अपराधी है उसे दंड देना सत्य का मार्ग है। अब तुम लोग सही मार्ग पर आ गये हो और मैं तुम्हारी स्तुति से

प्रसन्न हूं। मैं तुम्हें क्षमा करता हूं और दक्ष भी बकरे का सिर धारण करके पुनः जीवित हो जाएगा। लाओ, मैं इसे जीवित करता हूं। भृगु देवता सूर्य के नैनों से यज्ञ के भाग को देखेंगे तथा पूषा के टूटे हुए दांत उग आएंगे जिससे वह यज्ञ का भाग प्राप्त कर सकेंगे। भृगु की दाढ़ी भी आ जाएगी और देवताओं के जितने भी अंग-भंग हैं सब ठीक हो जाएंगे।

पुनः जीवन पाने के बाद पहले तो जब दक्ष ने भगवान् शिव को सामने देखा तो वह अत्यन्त लज्जित हुआ। फिर उन्हें प्रणाम करके उनकी स्तुति करने लगा। उसने कहा कि हे भगवान् शंकर मैं आपको प्रणाम करता हूं। मैं आपकी सेवा में नत हो रहा हूं। उसकी बात सुनकर भगवान् शिव ने कहा कि बिना ज्ञान के जो मुझे पाना चाहता है मैं उसे नहीं मिलता। तुम ज्ञान में पारायण होकर जो भी कर्म करोगे, उचित फल मिलेगा। सुख-दुःख को समान मानकर निरन्तर सुखी रहो।

इस प्रकार भगवान् शंकर ने दक्ष को परमबोध दिया जिससे फिर दक्ष ने शिव की आराधना की।

दक्ष यज्ञ का संपूर्ण वृत्तांत सुनकर ऋषियों ने मुनि लोमशजी से लिंग की पूजा और प्रतिष्ठा से विषय में जानना चाहा। इस पर लोमशजी ने कहा कि जिस समय भगवान् शंभु भिक्षा के लिए दारु वन में विचरण कर रहे थे उस समय वह नग्न थे। दिगंबर थे और उसी रूप में उनमें परम समाहित था। दोपहर के समय दारु वन में रहने वाले ऋषियों की पत्नियां आईं तो उन्होंने दिगंबर रूप भगवान् शिव को देखा और आश्चर्य करने लगीं। उन्होंने इस अपूर्व दर्शन वाले भिक्षुक को भिक्षा दी।

ऋषि पत्नियों द्वारा दी गई भिक्षा कई प्रकार की थी। उसमें भक्ति, भाव सब कुछ मिला था। तब कोई ऋषि पत्नी बोली कि आप कौन हैं जो इस तरह भिक्षा के लिए घूम रहे हैं। यह सुनकर शंभु ने कहा कि मैं ईश्वर हूं और परम पावन आश्रम में प्राप्त हो गया हूं। उन्होंने यह भी कहा कि मैं अपनी पत्नी दाक्षायणी के अभाव में विरहित होकर इसी तरह विचरण करता हूं। उस सती के बिना मुझे कोई भी स्त्री अच्छी नहीं लगती। भगवान् शंकर से यह सब कुछ सुनकर उन स्त्रियों ने उनका पात्र चारों अन्न (चार प्रकार के अन्न) और छहों रसों से भर दिया। उस समय

भगवान् शंकर कैलाश पर जाने लगे तो सभी स्त्रियां स्वत: उद्भुत आनंद के कारण उनके पीछे हो लीं।

इधर जब मुनि लोग आश्रम में आए तो अपने घरों को पत्नियों से विहीन देखकर आश्चर्यचकित हुए। फिर सब कुछ जानकर उन्होंने शिवजी से कहा कि भगवन्! आप तो परमविरक्त और योगी हैं। आपने इन स्त्रियों का हरण क्यों किया? यह सुनकर भगवान् शिव मौन धारण किए रहे। तब ऋषियों ने उन्हें खंड होने का शाप दे डाला। इस शाप के परिणामस्वरूप शिवलिंग धरती पर गिर गया। पर भूमि पर गिरने के बाद वह लिंग अत्यंत तेजी से बढ़ने लगा। उस लिंग ने सातों पातालों को अपने में समाहित किया, इसके पूर्व उसने अपने आयाम में पृथ्वी को व्यस्त कर लिया फिर लिंग अंतरिक्ष की ओर बढ़ने लगा और क्षण भर में ही दिशाएं, जल, अग्नि, आकाश, अहंकार, महानल, अब्वल सभी कुछ उस लिंग में व्याप्त हो गया सब एकमय हो गए।

इस तरह संपूर्ण जगत् के लिंगमय होने के कारण द्वैतभाव समाप्त हो गया और लय हो जाने के कारण सब कुछ को ऋषि शिवलिंग ही कहते थे। उस लिंग के विराट आयाम को देखकर सबने आश्चर्य से उसे देखा ही नहीं उसका आद्यंत भी जानने की इच्छा हुई।

उनकी इच्छा को पूरा करने के लिए विष्णु और ब्रह्मा लिंग का ओर-छोर जानने की कामना से दो ओर चल पड़े। ब्रह्माजी आकाश की ओर गए और विष्णु पाताल की ओर। ऊंचा तथा और ऊंचा चढ़ते जाने पर भी ब्रह्माजी लिंग का कोई ओर-छोर न जान सकें। उसका मस्तक उन्हें नहीं मिला। इस तरह असफल होकर ब्रह्माजी उसी मार्ग से पिछले भाग में गए और वहां उन्होंने सुरभि को देखा। सुरभि वहां केतकी की छाया में स्थित थी। वहां ब्रह्माजी बोले कि हमने एक महान् अद्भुत लिंग देखा था। उसने तीनों जगत् को व्याप्त कर रखा है। उसके मस्तक के दर्शन के लिए मैं देवों के कहने पर यहां आया हूं। उस व्यापक महात्मा का मस्तक भी यहां देखा गया है। अब मैं वहां जाकर यह बात देवगणों के सामने कहना चाहता हूं। पर मुझे प्रमाण के लिए किसी की साक्षी चाहिए। ब्रह्माजी ने केतकी का फूल लिया और वापिस आ गए। उन्होंने निश्चय

कर लिया कि उनके द्वारा शिवलिंग एक छोर जान लिया गया है। जब ब्रह्माजी विष्णुजी के पास आए तो यह जानकर कि ब्रह्माजी ने लिंग का छोर जान लिया है, विष्णुजी ने उनके पैर पकड़ लिए। पर ब्रह्मा के छल को जानकर शिवजी तुरंत प्रकट हुए। विष्णुजी ने उनके भी चरण छुए। भगवान् शिव विष्णुजी से प्रसन्न हुए और उनकी सत्यवादिता के कारण उनका आदर किया। पर ब्रह्माजी को दंड देने के लिए महादेव ने अपनी भौहों से भैरव को उत्पन्न किया और आदेश दिया कि अपनी तलवार से ब्रह्माजी की पूजा करो। भैरव ने ब्रह्माजी का सिर पकड़ लिया। ब्रह्माजी कांपने लगे। झूठ बोलने के कारण भैरव ने ब्रह्मा का पांचवां सिर काट डाला और जब भैरव अन्य सिरों को काटने के लिए आगे बढ़े तो ब्रह्माजी उनके पैरों पर गिर पड़े। विष्णुजी ने भी ब्रह्मा के लिए क्षमा मांगी। उनके निवेदन पर भैरव ने ब्रह्मा को छोड़ तो दिया पर यह भी कहा कि इस छल के कारण तुम उत्सवों और पूजा स्थानों से बहिष्कृत किए जाते हो। शिवजी ने कहा कि मैं विश्व की संतुलित स्थिति बिगड़ने नहीं दूंगा। अतः हे पुत्र भैरव तुम गणपति बनो। इसके बाद शिवजी ने केतकी के फूल से असत्यसाक्षी के लिए कहा कि तू मेरी पूजा में प्रयुक्त नहीं होगी। तब केतकी के फूल ने क्षमा मांगी। इस पर शिवजी ने कहा कि तू मेरी पूजा में प्रयुक्त न होने पर भी मेरे भक्तों द्वारा सम्मानित होगा। मेरे मंडप की रचना में तू सिरमौर होगा। इस तरह सत्य की प्रतिष्ठा हुई और शिवजी अपनी सभा में प्रतिष्ठित हुए।

इसके बाद संपूर्ण विश्व के उपकार के लिए देवगणों ने समस्त लिंग स्थापित किए। इन लिंगेशों से तीनों जगत् परिपूर्ण थे। इन लिंगों का महत्त्व भगवान् स्कंद भी जानते हैं। भगवान् स्कंद के द्वारा प्रतिपादित पाशुपत धर्म सर्वश्रेष्ठ धर्म है। स्कंदजी ने पंचाक्षरी विद्या मुनिश्वर अगस्त्य से प्राप्त की थी। बाद में केवल 'शिव' या 'रुद्र' ही प्रचलन में आया।

सदाशिव की स्तुति से परमपद प्राप्त होता है। इस विषय में मैं तुम्हें एक पुराना आख्यान सुनाता हूं। यह कहकर लोमशजी ने बताया कि एक पतंगा शिवालय में आया। वह नेवैद्य के भक्षण के लिए आया था। उसने वहां अपने पंखों से रज (धूल) का मार्जन किया वह धूल स्वर्ग में पहुंच

गई और फिर संसार में सुंदरी नाम से प्रसिद्ध काशीराम की पुत्री होकर प्रकट हुई। वह कल्याणी परम सती हुई। वह कन्या प्रतिदिन शिवालय में सफाई किया करती थी। उस परम सुंदरी राजकन्या को इस तरह सफाई का कार्य करते देख ऋषि उद्दालक ने कहा कि आप राजकन्या हैं फिर स्वयं क्यों शिवालय को साफ करती हैं? क्या आपकी दासियां यह कार्य नहीं कर सकतीं? यह सुनकर सुन्दरी बोली जो नर या नारी शिव भक्ति में लीन होकर कर्म करते हैं वे शिवलोक में गमन करते हैं। मैं स्वयं इसलिए मार्जन करती हूं कि शिवलोक प्राप्त हो। मैं इस मार्जन के अतिरिक्त और कुछ नहीं जानती। तब ऋषि ने ज्ञान नेत्रों से कन्या के पूर्व जन्म की बात जान ली और शिव की महिमा का ज्ञान अनुभव कर परम शांति को प्राप्त किया।

लोमश ऋषि ने कहा कि अब मैं रावण की कथा कहता हूं। रावण ने सब लोगों के लिए शिव को प्रसन्न करने के लिए कठोर तप किया। शिव प्रसन्न हुए। शिव से रावण ने अजेयत्व और दुगुने (दस) सिर प्राप्त किए। इसके बाद रावण सभी राक्षसों का अधिपति बन गया। प्रतापी रावण ने अपनी शक्ति से समस्त लोकपालों को जीत लिया। उसने चंद्रमा को भी जीत लिया। अग्नि तथा इंद्र पर भी विजय प्राप्त की। शिवलिंग की अर्चना करके उसने त्रिलोक को जीत लिया। देवगण रावण से पीड़ित हो गए थे और इधर रावण ने वैराग्य ने समाधिस्थ होकर अपने औदार्य में पड़कर ममता का त्याग कर दिया। उसने अपना मस्तक हाथ में लेकर शिवलिंग को समर्पित कर दिया। तब शिव ने रावण से कहा कि मैं तुम्हें वर देता हूं। रावण ने केवल भक्ति मांगी। तब शिव ने कहा कि ज़ो कुछ भी तुम्हारे मन में है मैं उसकी पूर्ति का वर देता हूं। इस तरह रावण ने भगवान् शिव से सब कुछ प्राप्त कर लिया।

जब देवताओं को यह पता चला तो वे अत्यंत चिंतित हुए। देवता चिरकाल से विषयों में लिप्त थे। यहां तक कि इंद्र देव में बारभाव पैदा हो गया था और चंद्रमा भी गुरु पत्नी के साथ समागम के इच्छुक थे। अग्निदेव में सब कुछ को भक्षण करने की भावना थी। इस तरह देवता विलास के कारण अशक्त हो गए थे। रावण को केवल तप के द्वारा ही

जीता जा सकता था। पर तपश्चर्या देवों के लिए कठिन कार्य था।

सभी देवता रावण द्वारा जीते जाने पर दु:खी थे। नंदी ने देवताओं और ब्रह्मा से कहा कि आप तो सब कुछ जानते हैं। भगवान् शंभु तप से ही परिपूर्ण हैं। उन्होंने केवल हृदय में ही देखा जा सकता है। जिन्होंने अपना मन जीत लिया है उन्हें ही भगवान् शिव प्राप्त होते हैं। तब ब्रह्माजी ने नंदीश्वर से कहा कि आप किसलिए वानर मुख हो गए। तब नंदीश्वर ने कहा कि एक दिन कुबेर को खोजता रावण यहां आया था। कुबेर को भगवान् शिव ने सभी धनों का स्वामी बना दिया था। रावण के पूछने पर मैंने पूछा कि आपको उससे क्या काम है? तब रावण ने मुझे ही दुर्मद कहा। फिर कहा कि उस कुबेर ने आपके मंदिर में क्यों शरण प्राप्त की। उस कुबेर को मुझे दे दो।

यह सुनकर मैंने (नंदी ने) रावण से कहा कि आप शिवलिंग उपासक हैं। मैं भी उनका उपासक हूं। (पर तुम कुबेर के लिए ऐसा क्यों कर रहे हो?) फिर मैंने कहा कि भगवान् शिव ने मुझे अपना रूप देना चाहा पर मैंने वानर रूप मांगा। भगवान् शिव ने कृपा करके वह रूप मुझे दिया। तब रावण ने मुझसे कहा कि मैंने तो शिव से दश मुख मांगे थे और प्राप्त किए। उसके मद को देखकर मैंने कहा कि कोई भी नरवर्य मुझे आगे करके तुम्हें मार डालेगा।

अत: हे महाभाग, आप विष्णु की अर्चना कीजिए जिससे वे ही कुछ करेंगे। रावण के लिए उनके अतिरिक्त और कोई कुछ नहीं कर सकता। मैं सदा आगे रहूंगा। यह सुनकर सभी देवता प्रसन्न हुए और भगवान् विष्णु की शरण में गए। वहां उन्होंने उनकी स्तुति की। देवताओं ने कहा कि आपने इसके पहले भी दानवों के संहार के लिए अवतार धारण किया है। नृसिंह अवतार के रूप में आपने हिरण्यकशिपु दैत्य का हनन किया। अत: हे प्रभु हमारी रक्षा कीजिए। इस पर भगवान् विष्णु ने कहा कि हे देवो, तुम शीघ्रता से वानर रूप धारण करके अवतार लो। और मैं अज्ञान से मरकर राजा दशरथ के यहां जन्म लूंगा। मैं आप लोगों की कार्यसिद्धि के लिए ब्रह्मविद्या से युक्त होकर वहां अवतरित हुंगा। ब्रह्मविद्या राजा जनक के यहां उत्पन्न होगी। रावण यद्यपि शिव भक्त है पर जब वह

ब्रह्मविद्या की इच्छा करेगा तो धर्म से वर्जित हो जाएगा।

इस प्रकार 'राम' नाम से जाने गए दशरथ पुत्र भगवान् विष्णु के ही अवतार थे। ब्रह्मविद्या क्योंकि राजा जनक के यहां उत्पन्न हुई थी अतः जनकात्मजा कहलाई। भगवान् राम ने रावण को जीतने के लिए जंगल में निवास किया। शेषनाग के अवतार लक्ष्मणजी ने भी पूरी तरह से तपश्चर्या की। भगवान् राम ने रावण का वध किया और वह पुनः शिव के सारूप्य को प्राप्त हो गया। रावण ने द्वैताद्वैत की सिद्धि प्राप्त कर ली थी।

द्वैताद्वैत अर्थात् आत्मा परमात्मा में भेद भी है और है भी नहीं–का विवेक बड़ी कठिनता से आता है। बड़े-बड़े महर्षि भी यह विवेक नहीं कर पाते। शिवलिंग की उपासना से तो यह विवेक अत्यंत सरलता से प्राप्त होता है। इस संसार चक्र में मनुष्य भ्रमण करता है। किन्तु जो शिव का पूजक है वह जल्दी ही माया से मुक्त हो जाता है। इस स्थिति में उसके तीनों गुण–सत्व, रज और तम नष्ट हो जाते हैं और वह केवल शुद्ध आत्मा रह जाता है।

अब हे विप्र वृंद और मुनिगण, मैं यह बताता हूं कि शिवजी ने किस प्रकार गरल भक्षण किया–हे मुनिवृंद, एक बार देव सभा में स्वयं देवराज उपस्थित थे। उनके चारों तरफ लोकपाल बैठे थे। अप्सरा नृत्य कर रही थी। उसी समय आचार्य बृहस्पति का आगमन हुआ। सब देवगणों ने उठकर गुरु का अभिवादन किया। पर वाचस्पति रूप गुरु के आगमन पर भी इंद्र वैसे ही बैठे रहे। यह जानकर गुरु को अच्छा नहीं लगा। इंद्र ने उनका स्वागत-सत्कार नहीं किया। यह देखकर गुरु वाचस्पति वहां से जल्दी ही चले गए। उनके जाने के बाद सभी देवगण काफी उदास हो गए। गीत-गायन समाप्त होने पर इंद्र को होश आया तो उसने गुरु के विषय में पूछा। तब नारदजी ने कहा कि तुमने गुरु की अवज्ञा की है। तुम्हें उनसे क्षमा मांगनी चाहिए। इस पर इंद्र उठ खड़े हुए और जल्दी गुरु के घर आए। गुरु पत्नी तारा को प्रणाम किया और गुरुदेव के विषय में पूछा! तारा ने कहा, मैं नहीं जानती।...पर इस समय स्वर्ग में अनेक अनिष्ठ हुए, साथ देवों और दानवों का युद्ध हुआ। दैत्यराज बलि ने देवों को परास्त कर दिया। इंद्र का सारा राज्य छिनकर वे फिर से पाताल आ गए। इस समय

लक्ष्मी ने भी देवों को त्याग दिया था तथा काव्यात्माओं द्वारा प्रयुक्त अनेक रत्न सहसा समुद्र में गिए गए। तब दैत्यराज बलि ने गुरु शुक्राचार्य से कहा कि हे प्रभु! देवों को हराकर हमने जो रत्न प्राप्त किए थे वे तो समुद्र में गिर गए। अब हम क्या करें।

शुक्राचार्य ने कहा कि सौ अश्वमेध यज्ञ करने पर ही सुराज्य का वैभव मिलेगा। केवल युद्ध से कुछ नहीं मिलने वाला। इधर देवराज इंद्र भी ब्रह्माजी के पास गए थे और सारी घटनाएं उन्हें सुनाईं। ब्रह्माजी ने विष्णु के पास जाने का परामर्श दिया तो सभी देवता विष्णु के पास गए और उनका स्तवन करने लगे। ब्रह्माजी ने विष्णु को कहा–हे देवों के देवता! आप यज्ञ के अंग हैं। अपने गुरु की अवज्ञा करने के कारण इंद्र अपने राज्य से च्युत हो गए हैं अब आप इनका उद्धार कीजिए।

विष्णु ने कहा–हे देवो! ऐसा करो कि दैत्यों से मित्रता कर लो। यह सुनकर देवराज इंद्र बलि के यहां गया और उधर बलि का क्रोध भी ऋषि नारद जी के वचनों से समाप्त हो गया था–इंद्र से आने का कारण पूछने पर इन्द्र ने कहा कि हम सब लोग महर्षि कश्यप के दामाद हैं और आप लोग भी उसी वंश परम्परा में आते हो अतः संघर्ष कैसा। हमारे बीच संघर्ष नहीं होना चाहिए। जब बलि ने पूछा कि आप क्यों आए हैं तो देवराज ने कहा कि मैं तो शरण में आया हूं। यह कुछ बलि नहीं समझ पाया। तब नारदजी ने कहा कि कार्य और अकार्य की भावना को छोड़कर महान पुरुष आए हुए शरणार्थी का कार्य किया करते हैं। यह इंद्र आपकी शरण में आया है।...नारदजी से उनका कथन सुनकर बलि ने इंद्र का सत्कार किया और सबको सम्मान दिया। इंद्र ने बलि का विश्वास जीतने के लिए वहीं निवास प्रारंभ कर दिया।

इस तरह अनेक वर्ष व्यतीत हो गए। एक दिन इंद्र को भगवान् विष्णु के वचन याद आए और उन्होंने दैत्यों के राजा बलि से कहा–हे राजा! आप बलशाली हैं। आपने जो हमारे रतन लिए थे, वे समुद्र में गिर पड़े। उनकी प्राप्ति के लिए कुछ प्रयास करना चाहिए और कुछ नहीं तो सागर का मंथन ही करना चाहिए।

बलि ने देवराज इंद्र से पूछा कि सागर का मंथन किस प्रकार होगा

तो देवराज बोले कि हम साथ-साथ चलकर सागर को मथेंगे। इस प्रकार देवताओं और दैत्यों ने मिलकर सागर का मंथन किया। मंथन के बाद सागर से सूर्य के समान वर्चस्व वाली कौस्तुभ मणि उत्पन्न हुई। देवताओं ने कौस्तुभ मणि को विष्णु को समर्पित कर दिया और फिर सागर मंथन करने लगे। इसके बाद एक-के-बाद-एक रतन आते गए। उच्चैःश्रवा घोड़ा, फिर ऐरावत हाथी, उसके बाद मदिरा, विजया तथा धतूरा और पुष्कर सागर से निकले। इन सबको देवताओं ने सागर के किनारे स्थापित कर दिया। इसके बाद लक्ष्मी प्रगट हुईं। लक्ष्मी को मूल विद्या भी कहा जाता है और इसे माया भी कहते हैं। लक्ष्मी ने सबको दर्शन दिए और सभी को अपने पुत्रों की तरह देखा और बाद में विष्णु का वरण किया। उन्होंने भगवान् विष्णु के गले में माला डाल दी। यह देखकर सभी देवताओं को प्रसन्नता हुई। चारों तरफ शंख, भेरी और मृदंग बजने लगे। गंधर्व, यक्ष और देवता लोग हर्ष अभिव्यक्त करने लगे।

इसके बाद अमृत प्राप्ति के लिए समुद्र का मंथन हुआ और इस प्रक्रिया में धन्वन्तरि अमृत से भरे हुए कलश को लेकर आए। देव और दैत्य इसे देख रहे थे और तभी दैत्यों ने कलश को छीनने के लिए बल प्रयोग किया। लेकिन इंद्र ने उस कलश को अपने हाथ में ले लिया था। थोड़ी ही देर बाद दैत्यों ने वह कलश इंद्र से ले लिया और पाताल लोक में आ गए। देवता भी उनके पीछे-पीछे चले। राजा बलि ने कहा कि हम लोग तो इस सुधा से ही संतुष्ट हो गए हैं आप लोग यहां से जाइए। आपने अब तक स्वार्थ के कारण हमारे साथ मैत्री का व्यवहार किया था। अब हमें कुछ नहीं कहना।

यह जानकर भगवान् विष्णु ने मोहिनी का रूप धारण किया और वे दैत्यों के सामने आ गए। असुरों को बहुत आश्चर्य हुआ वे कामना भरी नजरों से उनको देखने लगे। राजा बलि ने भी उस मोहिनी का स्वागत और सम्मान किया तथा उससे कहा कि सबकी भलाई के लिए इस सुधा का वितरण कर देना चाहिए। राजा बलि ने यह सुनकर मोहिनी से कहा कि विद्वान् पुरुषों को स्त्रियों का कभी भी विश्वास नहीं करना चाहिए। स्त्रियों में प्रेम का अभाव और धूर्तता भी होती है। वे मूर्ख और माया से भरी हुई

होती हैं। जिस तरह भेड़िया अन्य पशुओं में और पक्षियों में कौवा हिंसक वृत्ति वाला होता है उसी तरह स्त्रियां भी बहुत देर तक मैत्री भाव नहीं रख पातीं। यह सुनकर बलि बोले कि जो दोष आपने स्त्रियों के बताए हैं वे गांव की स्त्रियों में मिलते हैं। आप वैसी स्त्री नहीं हैं अतः आप इस अमृत को ठीक तरह से वितरित कर दीजिए। फिर मोहिनी रूप धारी भगवान् ने कहा कि आप सब आज उपवास करो और इस पाए हुए अमृत को प्राप्त करो। कल प्रातःकाल इसी अमृत से उपवास को पूरा करना चाहिए। जो बुद्धिमान पुरुष हैं वह न्याय से सारा विभाजन करते हैं।

सभी दैत्यों ने विष्णु की बात मान ली। मायासुर ने उस समय बहुत सुंदर और विशाल भवनों का निर्माण किया। उन भवनों में सब लोग स्नान आदि करके एकत्रित हुए। एक भवन के बीच में अमृत का कलश लेकर मोहिनी स्थित थी, उसी समय देवगण भी वहीं आ गए। उनको देखकर मोहिनी ने कहा कि ये सब अतिथि गण हैं अतः इनको भी कुछ मिलना चाहिए। मैं इस अमृत का विभाजन सबके लिए समान रूप में करूंगी क्योंकि प्रिय और अप्रिय दोनों ही वस्तु देनी चाहिए। मोहिनी का यह कथन असुरों ने स्वीकार कर लिया और सबको वहीं बुला लिया। फिर मोहिनी ने कहा कि प्रारंभ में अतिथियों का ही पूजन होना चाहिए और आप ही बताइए कि मैं किसे पहले अमृत दूं। फिर दैत्यराज बलि ने कहा कि जैसा आपको अच्छा लगे वैसा कीजिए। आप हम सब की स्वामिनी हैं।

इसके बाद मोहिनी सोने के नूपूर की ध्वनि करती हुई वहां पर आई और देवताओं के बीच में अमृत रस की वर्षा करने लगी। सभी देवताओं और गंधर्वों यक्षों ने अमृत का पान किया और उधर दूसरी ओर असुर अपने आसन पर बैठे हुए चिंतित होने लगे और उन्हें बहुत अधिक भूख लगी। राहु और केतु देवताओं का वेष धारण करके देवों के पास बैठ गए। जब राहु अमृत पान करने की कामना करता हुआ अमृत पी ही रहा था तो चंद्रमा और सूर्य ने यह बात विष्णु को बताई और विष्णु ने राहु का सिर काट दिया। इस तरह राहु और केतु अलग-अलग हो गए। वह धड़ घूमता-घूमता पर्वतों पर आभूषित हुआ और केतु आकाश में

विलीन हो गया। इस प्रकार माया रूप से प्रकट मोहित हुए दैत्यगण देवों के प्रति बहुत क्रोधित हुए और विष्णु के चले जाने पर बहुत गर्जन करने लगे।

शोनिकजी ने कहा कि महात्मा कुमार ने तारकासुर को मारकर देवताओं का बहुत बड़ा कार्य किया। कुमार तो दूसरे शंभु ही हैं, हे लोमशजी महापापी और अधर्मी व्यक्ति भी कुमार के दर्शन से निष्पाप हो जाते हैं। लोमशजी ने सामने बैठे हुए ऋषियों को बताया कि देवों के द्वारा अजेय तारकासुर बहुत बलशाली था।

तारकासुर के अत्याचारों से तंग आकर ब्रह्मा और इंद्र शंकर के समीप गए। वहां उन्होंने पहले भगवान् शंकर का स्तवन किया। यमराज ने भगवान् शंकर से पूछा–हे महादेव, महापापी लोग आपके और कुमार के दर्शन करके निष्पाप हो जाते हैं। क्या मेरे प्रभाव से भी कुमार के दर्शन से लोग मुक्त हो जाते हैं। इसके उत्तर में भगवान् शंकर ने कहा कि हे यमराज, अनेक जन्मों के बाद किसी प्राणी में मेरे प्रति भक्ति पैदा होती है। हे धर्मराज, सभी प्राणी अपने कर्मों के कारण और संस्कारों से वर्तमान योनियों में प्राप्त होते हैं, अपने पूर्व चरित्र से ही वे लोकपाल, देव ऋषि या भूत आदि बनते हैं। हे धर्मराज, आपको कुमार के विषय में विस्मय नहीं करना चाहिए। कुमार के दर्शन से जो फल प्राप्त होता है वह मुझसे जान लो।

सभी कर्मों से समन्वित वचन फलदाता होता है। तीर्थ, यज्ञ और अपने प्रकार के दान मन की शुद्धि के लिए अवश्य ही करने चाहिए। मन से आत्मा आभासित होती है और आत्मा से ही आत्मा का कल्याण होता है अर्थात् मनुष्य का कल्याण उसकी आत्मा के द्वारा ही होता है। मैं हमेशा सब की व्यवस्थित आत्मा में हूं, मैं जड़ और जंगम दोनों प्रकार की सृष्टि में हूं। मेरा साक्षात् रूप सुख और दुःख से परे है। मैं निर्विकल्प हूं। संसार के सभी प्राणी मेरी माया से मोहित हैं। उन सब में परस्पर एक–दूसरे में दोष की प्रवृत्ति माया के द्वारा ही पैदा होती है। सभी देवताओं और अन्य सत्व, रज, तम तीनों गुणों से परिपूर्ण काम, क्रोध और भय आदि से बहिर्मुख होते हैं। इसीलिए सब सत्य को नहीं जानते।

परम तत्त्व में भेद और अभेदता समाप्त हो जाती है अतः परम धाम वह है जहां राग और विराग मिल जाता है। जिस तरह प्रवृत्ति और निवृत्ति के द्वंद्व प्रत्येक स्थान पर रहते हैं उसी तरह मनुष्य में द्वंद्व होता है। किन्तु कहीं-कहीं यह द्वंद्व विलीन हो जाता है और जहां यह द्वंद्व विलीन होता है वही शाश्वत स्थान कहा गया है। उसे ही सर्वात्म भाव से देखना चाहिए। परम पुरुष वह है जो सबको अपने समान देखता है।

जिस तरह सीप में चांदी की बुद्धि और सांप में रस्सी की बुद्धि और मरीचि में जल की बुद्धि असत्य है उसी तरह यह संसार भी असत्य है। इससे मुक्त होकर ही प्राणी स्वतंत्रता को प्राप्त होता है। जो यह जानता है कि आत्मा एक है उसे बंधन नहीं होता। परम पद को पाने वाला पुरुष ममता की भावना का त्याग करता है और जिन्होंने इन्द्रियों को जीत लिया है और ममता को त्याग दिया है वे काम क्रोध से रहित होकर परम स्थान को प्राप्त करते हैं।

महर्षि लोमश ने कहा कि भगवान् शंभू से तत्त्व की बातें सुनकर यमराज आत्मस्थ हो गए और समस्त कर्मों के अनुसार ही सबके कर्मों का शासन करना प्रारंभ कर दिया। तब लोमशजी ने ऋषियों के पूछने पर बताया कि भगवान् शंभु के द्वारा आत्मज्ञान देने पर प्रेतराज आत्मस्थ हो गए और फिर सबके कर्मों के अनुसार ही सबका शासन करने लगे। यह सुनकर ऋषियों ने पूछा कि महाराज तारकासुर का वध करने के बाद महाराज कुमार ने अन्य कौन से अद्भुत कर्म किए, बताइए।

तब सूतजी बोले—जब तारकासुर का वध हो गया तो सभी पर्वत स्कंद स्वामी के पास आए और उनका गुणगान करने लगे। पर्वत समूह ने कहा कि हे स्वामी! आप दयाभाव से संपन्न हैं। आपको हमारा नमस्कार! यमराज बोले कि हे पार्वती पुत्र! आप अग्निभूत हैं और पूजनीय हैं। यह सुनकर कीर्तिकेय बोले कि गिरिवरो! आपके अन्दर की शिलाएं मेरी कृपा से संपूर्ण विश्व को पवित्र करेंगी। आपके रूप का सम्मान करने के लिए आप में अनेक तीर्थ होंगे। यह मेरु नामधारी पर्वत सारे पर्वतों का स्वामी और आश्रम-स्थल होगा। उदयगिरि भी महान यश वाला होगा। इसके साथ श्री शैल, महेन्द्र, सह्याचल, मलय, विंध्य, गंधमादन, श्वेतकूट,

त्रिकूट आदि पर्वत भी लिंगरूप वाले होंगे। ये सभी पापों का नाश करने वाले होंगे।

कार्तिकेय के ऐसा कहने के बाद नंदी ने कहा–कि हे भगवान् आपने सब पर्वतों को लिंगरूप बना दिया है तो ये शिवालय किस प्रकार पूज्य होंगे ! तब कुमार ने कहा कि देवों के अधिपति भगवान् शूली के लिंग को ही शिवालय मानना चाहिए। नील (नीलम), प्रवाल (मूंगा), मुक्ता (मोती), चंद्र, गोमेद, राजत, कांचन, मरकत पद्मराग–सभी प्रकार के लिंग होते हैं। तब नंदी ने पूछा कि वाणलिंग परमपूज्य कैसे कहा गया है। तब कुमार ने कहा–रेवा नदी के पानी के मध्य सभी शिलाएं भगवान् शिव के प्रताप से लिंग रूप हो गई हैं। उन शिलाओं का पूजन शास्त्रोक्त विधि से करना चाहिए। जो व्यक्ति भगवान् शिव का पूजन करना चाहता है–और पूजा करता है, उसे ही शिव की कृपा प्राप्त होती है–**ॐ नमः शिवाय!** पंचाक्षरी मंत्र जिसके मन में स्थित रहता है वह भगवान् शिव के चिंतन से आसक्ति से दूर हो जाता है। उसका मन स्वच्छ और पवित्र हो जाता है।

इसके बाद ऋषियों ने राशि-नक्षत्र के विषय में जानना चाहा। लोमशजी ने कहा कि जब ब्रह्माजी ने संपूर्ण जगत् की रचना की तभी यह राशि चक्र उत्पन्न हुआ। बारह राशियां और नक्षत्र समुत्पन्न हुए। नक्षत्र सत्ताईस कहे गए हैं। इस सारे जगत् का क्रीड़ा चक्र इन्हीं राशियों और नक्षत्रों के कालचक्र से होता है। यह राशि-नक्षत्रमय चक्र ही सृजन, पालन और नाश करता है। यह सब कुछ काल से बंधा हुआ है। काल ही बलवान है और सब कुछ कालयुक्त है। काल से सृष्टि, सृष्टि से लव, लव से क्षण और क्षण से निमिष उत्पन्न हुआ। सभी प्राणी इसी से परिचालित होते हैं।

साठ निमिषों का एक पल होता है। पंद्रह रात्रियों का एक पक्ष होता है और दो पक्षों का एक मास। बारह मास का एक वर्ष। प्रतिपदा तिथि से आरंभ करके पूर्णमासी तक एक पक्ष होता है। अतः इसका नाम पूर्णिमा रखा गया है। जिस दूसरे पक्ष में चंद्रमा का क्षय होकर पूर्णतया लोप हो जाता है, वह अमावस्या कहलाती है। इन तीस दिनों में पूर्णिमा और

अमावस्या का दिन विशेष होता है। इनमें दानकर्म करना चाहिए। अष्टमी तिथि भगवान् शंभु को प्रिय होती है और चतुर्थी गणेश की प्रिय तिथि है। पंचमी नागराज की प्रिय तिथि है तथा षष्ठी तिथि कुमार स्कंद की प्रिय तिथि है। सप्तमी भगवान् सूर्य की तिथि है। नवमी भगवती चंडिका की प्रिय तिथि मानी गई है। भगवान् रुद्र की तिथि एकादशी है। द्वादशी भगवान् विष्णु की प्रिय तिथि है। त्रयोदशी भगवान् यम की। चतुर्दशी तिथि भगवान् शंभु की है। कृष्ण पक्ष में चतुर्दशी तिथि आधी रात में भगवान् शिव की तिथि के रूप में विख्यात है। यही शिवरात्रि है। इसके विषय में एक कथा है।

पुराने समय में अत्यंत चंचल एक विधवा ब्राह्मणी थी। वह अत्यंत कामुकता के कारण श्वपच के साथ भी वासना पूर्ति करती थी। उसके उदर से उस चांडाल का एक पुत्र हुआ। वह अधर्मी था। वह हमेशा पाप कर्म किया करता था। पर वह एक समय शिवरात्रि के दिन शिवालय में आया। वहां आकर वह भगवान् शिव के सान्निध्य में बैठ गया। वहां उसके मन में शिव लिंग के स्वरूप वर्णन से अपने आप शैव भाव पर आसक्ति हो गई। वह एक ही स्थान पर बैठा रहा। शिवरात्रि में जागरण के बाद उसके कर्म से ही उसे पुण्य योनि प्राप्त हुई। बाद में यही पुण्यात्मा विचित्रवीर्य के रूप में उत्पन्न हुआ। वह सुन्दर लक्षणों वाला एवं सुंदरी प्रिय था। उसने बड़ा राज्य प्राप्त किया। वह शिव की आराधना में ही अपना सारा समय व्यतीत करता था। फिर शिव की कृपा से उसकी आयु संपन्न हो गई। वह भगवान् शिव का प्रिय हो गया। शिवरात्रि के व्रत से उसे सायुज्य भक्ति प्राप्त हो गई। यह जन्म भी उसे शिव की महिमा से ही मिला था। सती, दक्ष की पुत्री के जलने के बाद शिव की जटा से उत्पन्न यह वीरभद्र ही था जिसने शिव की आज्ञा से दक्ष यज्ञ का विध्वंस किया था।

हे ऋषिगणों! पुराने समय में अनेक व्यक्ति शिवरात्रि के व्रत से परम सिद्धि को प्राप्त हुए। मांधाता धंधुमारि हरिश्चंद्र सभी इस व्रत से कल्याण भूमि को प्राप्त हुए। तब एक बार यहां कैलाश पर शिवजी क्रीड़ा करने लगे और पर्याप्त समय तक द्यूत क्रीड़ा की। जिसे देखकर नारदजी ने

विचार किया, कि यह भूमि किस प्रकार मेरी हो। फिर देवर्षि नारदजी ने सोचा कि दान का महत्त्व केवल राजाओं के साथ लगा रहता है। यह भूमि मेरे आधीन कैसे नहीं हो सकती? मैं पहले मेदिनी की याचना करूं। तब मुनियों ने बताया कि दान के लिए भी तीन प्रकार का द्रव्य उत्तम होता है। शिष्य तथा कन्या से प्राप्त द्रव्य शुक्ल होता है। वाणिज्य, कवि और ब्याज के प्राप्त द्रव्य मध्य होता है। याचना वाला द्रव्य शकल होता है तथा अंत तथा चोरी से प्राप्त द्रव्य अधम या कृष्ण होता है। जो व्यक्ति शुक्ल से प्राप्त द्रव्य से धर्म कर्म करता है, वह सद्‌गति को प्राप्त होता है। ऐसा व्यक्ति सच्चा होता है जो राज्य भाव शकल दान के द्वारा याचितों को संतुष्ट करता है। इस धन का उपयोग मनुष्यत्व के लिए होता है। नराधम मनुष्य तामसी वृत्ति से कृष्ण द्रव्य से दान करता है या कार्य करता है तो वह नरक योनि को प्राप्त होता है। याचना किया हुआ द्रव्य राजस होता है। तो क्या मैं धन की राजा से याचना करूं? पर यह भी मेरे लिए कष्ट की बात है। इससे ऐसा होगा कि मधु दान भी विष के समान लगेगा। पर यह स्थान कैसे प्राप्त करूं। नारदजी ऐसा सोच ही रहे थे कि वहां पर अनेक ऋषिगण आ गये और आद्य संगम हो गया। नारदजी ने उनसे आने के स्थान के विषय में जानना चाहा तो उनमें से मुनि बोले–सौराष्ट्र देश में धर्मवर्मा नाम का एक राजा है जो इस पृथ्वी का भी स्वामी है। वह दान के तत्त्व का सार जानना चाहता है और उसने इसके लिए तप भी किया। तब एक आकाशवाणी हुई कि दो हेतु वाला, छः अधिष्ठानों से संयुक्त, छः अंगों वाला तथा द्विपाकों से संपन्न, चार प्रकार तथा तीन तरह से नाश युक्त यह दान कहा कहा जाता है। फिर आकाशवाणी शांत हो गई और उसने इसका अर्थ नहीं किया। तब उस राजा ने यह घोषणा की कि जो कोई भी इस कथन की भली-भांति व्याख्या करेगा उसे मैं सात लाख गौएं और उतना ही सोना दूंगा और उसे सात गांव भी मिलेंगे।

हे मुनिवर उस घोषणा के बाद विद्वान् वहां एकत्रित हो गए पर किसी से भी उसकी ठीक तरह व्याख्या नहीं हुई। जैसे गूंगा व्यक्ति गुड़ के स्वाद का वर्णन नहीं कर सकता, वैसे ही वहां सब विद्वान् हो गए। हम भी वहीं गए थे पर राजा को नमस्कार करके वापस आ गए। हमारी बुद्धि

में उसका अर्थ नहीं आया अतः इससे दान प्राप्ति नहीं हो सकती और तीर्थों की यात्रा करने न जाकर हम यहां एकत्रित हो गए हैं।

उन विद्वानों की बात सुनकर मैं प्रसन्न हुआ कि अब स्थान प्राप्ति के विषय में मैंने समाधान खोज लिया है। मैं इस कथन की व्याख्या करके राजा से धन प्राप्त कर लूंगा। यह धन न तो याचित होगा न प्रतिग्रह क्योंकि ऋषि नामदेव ने सत्य ही कहा है कि–

धर्म के विषय में जिसकी श्रद्धा होती है वह कभी भी पूरी नहीं होती और इसके साथ ही अधर्म के विषय में भी मनुष्य की आशा पूरी नहीं होती। इसलिए विद्वान व्यक्ति अपनी रुचि के अनुसार ही काम किया करते हैं। मेरा मनोरथ सफल होने को है इसलिए उसे पूरा करने की भावना भी मेरे मन में पैदा हो गई। मुझे बहुत पहले बिना मूर्ति वाले पितृ गणों ने बताया था और इसलिए मैं पूरी तरह से प्रसन्न होकर उस सागर संगम के पास से चला आया। मैंने एक ब्राह्मण का रूप बनाया और उस राजा के पास पहुंचकर कहा कि हे राजा! अब आप आकाशवाणी के कथन की व्याख्या सुनिए और आपने जिस दान की घोषणा की है उसे देकर अपना यश बढ़ाइए।

तब राजा बोले कि हे ब्राह्मण इस तरह मुझसे अनेक ब्राह्मणों और मुनियों ने कहा है लेकिन कोई इस कथन का अर्थ बताने में सफलता प्राप्त नहीं कर सका। प्रश्न यह है कि दान प्रसंग में कौन से दो हैतु हैं, कौन से अधिष्ठान हैं तथा छः अंग और दो पाक कौन से हैं और उनके कौन से चार प्रकार हैं तथा दूसरे तीन प्रकार और दान के महत्त्व को नष्ट करने वाले तीन रूप कौन से हैं। यह सब आप मुझे बताइए। यह प्रश्न सात हैं और यदि आपने इनका ठीक उत्तर दे दिया तो आपको सात लाख गौएं और सात ग्राम तथा अपार सोना मिलेगा और यदि ऐसा नहीं हुआ तो आप अपने घर चले जाएंगे।

राजा के ऐसा कहने पर मैंने कथन की व्याख्या करने के लिए उनसे कहा और इससे पहले यह बताया कि पहले आप दान के हेतुओं को सुनिए। दान छोटा हो या बड़ा उससे अभ्युदय होता है। श्रद्धा और शक्ति ये दोनों ही दानों को बढ़ाते हैं और कम भी करते हैं। श्रद्धा के विषय में

यह कहा गया है कि वह अद्भुत धर्म और तप भी। वही स्वर्ग और मोक्ष है अर्थात् श्रद्धा ही संपूर्ण जगत् है। जो व्यक्ति श्रद्धा से रहित होकर दान करता है उसे फल नहीं मिलता। इसलिए श्रद्धा होनी आवश्यक है। जिन मुनियों तथा लोगों ने धन दान किया है वे श्रद्धा के कारण ही दिव्य लोकों को प्राप्त हुए हैं।

श्रद्धा भी तीन प्रकार की होती है—सात्विकी, राजसी और तामसी। सात्विकी श्रद्धा में देवताओं का पूजन होता है और राजसी श्रद्धा में यक्ष और राक्षसों का पूजन किया जाता है। तामसी श्रद्धा में भूत-प्रेतों का यजन होता है। लेकिन श्रद्धा से भरकर ही और न्याय से प्राप्त होने वाला धन दान करने के बाद चाहे वह छोटा दान हो, भगवान् शिव प्रसन्न होते हैं।

अब आप शक्ति के विषय में सुनिए। परिवार में भोजन और कपड़ों से अधिक प्राप्त करने के लिए जो कुछ भी प्रयास किया जाए वह अनुचित होता है। अपने मनुष्यों के दुःख से भरे हुए जीवन यापन करने पर भी जो व्यक्ति दूसरे लोगों का दाता है या दान करता है तो वह सुख नहीं प्राप्त करता। वह तो धर्म को केवल रूपक के रूप में जीता है। दान देने के लिए यह भी ध्यान रखना होता है कि वह धर्मपूर्वक हो और, याचित को किसी की धरोहर, उधार लिया हुआ और आपत्ति काल के लिए रखा हुआ धन किसी भी समय में नहीं देना चाहिए। जो व्यक्ति ऐसा करता है उसे प्रायश्चित करना पड़ता है। इस तरह से दान के ये दो हेतु हैं।

हे राजन् ! अब मैं आपको छः अधिष्ठानों के विषय में बताता हूं। यह आप ध्यानपूर्वक सुनिए। धर्म, अर्थ, काम, क्रीड़ा, हर्ष और भय से छः अधिष्ठान कहे जाते हैं। धर्म दान वह है जो सुयोग्य पात्र को बिना किसी उत्तर की अपेक्षा के दिया जाता है। इसमें केवल धर्म बुद्धि ही रहती है। लोभ के लालच में जो दान दिया जाता है वह अर्थ दान कहा जाता है। अर्थात् किसी धनी पुरुष को धन के लालच में डालकर दान देना अर्थदान होता है। काम के संबंध में किसी फल की इच्छा रखते हुए जो धन दिया जाता है वह काम दान होता है। इसमें देने वाले की रागी भावना विद्यमान रहती है। कुछ विशेष लोगों में केवल खेल के वर्ष प्रतिज्ञा करके जो दान दिया जाता है और उसके उत्तर की अपेक्षा होती है उसे क्रीड़ा दान कहते

हैं। अपने प्रिय व्यक्तियों को देखकर प्रसन्न होकर जो दान दिया जाता है उसे हर्ष दान कहते हैं और जो दान डर से अनर्थ और हिंसा के प्रतिकार के लिए दिया जाता है उसे भयदान कहा गया है। इस प्रकार हे राजा दान के ये छः अधिष्ठान हैं।

अब इनके छः अंगों के विषय में भी आपको जान लेना चाहिए। ये छः अंग हैं दानदाता, प्रतिगृहीता, शुद्धि, धर्मयुग देय, देश और काल। जो व्यक्ति धर्मात्मा होता है और पवित्र भाव से व्यसनों को जीवन में न रखकर अपना कर्म करता है वह हमेशा दान के लिए प्रशस्त रहता है। रोग से रहित धर्मात्मा और स्वच्छ आजीविका वाला व्यक्ति सूचि दानी होता है और जो व्यक्ति कठोर प्रकृति, अशांत और डरपोक, निर्दयी तथा श्रद्धा भाव से रहित होता है वह नीच हुआ करता है। इसके साथ दान लेने वाला सुपात्र ब्राह्मण इंद्रियों का विजयी होना चाहिए और उसकी वृत्ति कुशा वृत्ति होनी चाहिए। दान प्राप्त करने वाले व्यक्ति सुंदर दर्शन वाला होना चाहिए। जो धन अपने द्वारा प्राप्त किया हो और जिसको प्राप्त करने में कष्ट हुआ हो वह चाहे कम हो या अधिक वह धन देयम होता है अर्थात् उसी धन को देय कहा जाता है। यह देय धन धर्मयुक्त होता है। इसके अतिरिक्त दान के लिए देश और काल भी महत्वपूर्ण होते हैं। देश और काल का उचित होना भी दान के महत्त्व के लिए आवश्यक है। इनमें ठीक प्रकार की संगति होनी चाहिए।

अब आप दो पाकों के विषय में सुनिए। दो पाक दान से पैदा होने वाले कहे गये हैं। मूलतः ये परलोक और आत्मलोक के लिए प्रयोग किए जाते हैं। जो दान सत्त पुरुषों के लिए दिया जाता है वह परलोक में भी उपस्थित रहता है और जो दुष्पुरुषों को दिया जाता है वह यहीं पर भोग लिया जाता है।

इन दो पाकों के अतिरिक्त चार प्रकार के प्रकार होते हैं, 'ध्रुव, त्रिक, काम्य और नैमित्तिक। ब्राह्मणों ने इन चार प्रकार का वर्णन करते हुए यह बताया है कि बाग लगवाने या प्याऊ आदि खुलवाने का फल ध्रुव होता है अर्थात् वह कभी कष्ट नहीं होता। विजय प्राप्ति के लिए, ऐश्वर्य प्राप्ति के लिए, स्त्री तथा बालकों को दिया हुआ दान त्रिक कहलाता है

और जहां पर अपनी इच्छा की प्रबलता होती है वहां काम्य दान कहा जाता है। इसके साथ कालापेक्ष, क्रियापेक्ष और गुणापेक्ष रूप में नैमित्तिक दान बताया गया है। इस तरह तीन प्रकार उत्तम, मध्यम और कनिष्ठ रूप में भी माने गये हैं। घर, महल, विद्या, भूमि और गऊ तथा कुएं का दान उत्तम द्रव्य के दान से उत्तम कहा गया है। अन्न, वस्त्र, अश्व आदि का दान उत्तम होने के कारण मध्यम कहा गया है। छाता, आदि तथा आसन, दही, शहद दान कनिष्ठ कहे गये हैं।

हे राजन्, अब आप दान के नाशों के विषय में भी सुन लीजिए। जिस दान को देकर बाद में मन में पश्चात्ताप हो, उसका महत्त्व कम हो जाता है। इसे असुर दान कहा गया है। दूसरा दान का नाश अश्रद्धा के कारण होता है। यदि दान देने में श्रद्धा नहीं है तो उस दान को राक्षस दान कहते हैं और उसका फल नहीं मिलता। तीसरे प्रकार का नाश क्रोध के कारण होता है। जिस दान को देकर व्यक्ति के मन में क्रोध पैदा होता है उसे पिशाच दान कहा गया है और इसका फल नहीं मिलता।

ब्राह्मण की यह बात सुनकर धर्मवर्मा ने कहा कि हे ब्राह्मण, आज मेरा जन्म सफल हो गया और आज मेरा तप भी फलदायक हुआ है। मैं आपके द्वारा यह सब कुछ सुनकर धन्य हो गया हूं। मैंने जिस पत्नी को पाया वह भी अप्रिय बोलने वाली रही और जो कुआं खुदवाया उसमें खारा पानी निकला। बहुत सारे कष्टों को भोगकर यह जन्म प्राप्त किया यह भी धर्म के बिना व्यर्थ हो रहा था कि आज आपसे यह सब कुछ सुनकर मेरा जन्म सफल हो गया है। मैं आपको बार-बार नमस्कार करता हूं और अन्य ब्राह्मणों को नमस्कार करता हूं। मैंने विप्रों का यदि कुछ अप्रिय किया हो तो मुझे क्षमा कर दीजिएगा। यह बताइए कि आप कौन हैं क्योंकि आप साधारण पुरुष नहीं हैं।

राजा के यह कहने पर नारदजी ने कहा कि हे राजन्, मैं नारद हूं। मुझे इस स्थान की आवश्यकता थी और इसीलिए मैं यहां आया। मुझे द्रव्य दो और स्थान के लिए भूमि। यद्यपि भूमि और द्रव्य देवताओं का ही होता है तो भी प्रार्थना उसी राजा से करनी चाहिए जो उस भूमि पर राज्य करता है क्योंकि राजा भी ईश्वर का अवतार होता है। इसीलिए मैं आपसे द्रव्य

की याचना कर रहा हूं और भूमि की मांग करता हूं। यह सुनकर राजा ने कहा कि यदि आप नारद हैं तो यह सारा राज्य ही आपका है। मैं तो आपका दास बनकर रहूंगा। इसके बाद नारदजी ने कहा–यदि आप हमारे भक्त हैं तो आप अपने वचन का पालन कीजिए और जिस दान की घोषणा आपने की है वही दीजिए। आप उसकी रक्षा भी करेंगे। मैं अभी यह धन नहीं लूंगा। यह धन मैं उस समय लूंगा जब मुझे आवश्यकता पड़ेगी। इसके बाद नारदजी ने बताया कि राजा से यह कहकर मैं रैवत पर्वत पर आ गया। मैंने उस पर्वत को देखा और मुझे बहुत प्रसन्नता हुई। ऐसे पर्वत को देखकर मेरे मन में यह इच्छा हुई कि इस स्थान को प्राप्त किया जाए क्योंकि यह स्थान सुन्दर होने के साथ-साथ दुर्लभ भी है। फिर मैंने सोचा कि मुझे अब वे ब्राह्मण देखने चाहिए जो योग्य पात्र हैं। जिस तरह कर्णधार के बिना कोई भी व्यक्ति नौका से पार जाने में समर्थ नहीं होता उसी तरह यदि कोई विप्र आचारहीन है तो वह किसी का उद्धार नहीं कर सकता। जिस तरह बंजर जमीन में बोया हुआ बीज, टूटे बर्तन में दुहा हुआ दूध और राख में डाली हुई समिधा निष्फल हो जाती है उसी तरह से अनुचित विप्र को दिया हुआ दान ही नष्ट नहीं होता बल्कि अन्य पुण्य भी नष्ट हो जाते हैं। सुपात्र को दिया दान धर्म होता है और सुपात्रता विद्या और तप दोनों से आती है। विद्या के बिना आंखों वाले भी अंधे रह जाते हैं मैं यह सोचकर कि ऐसे विद्वानों को देखने के लिए स्थान-स्थान चला जाए उस प्रदेश से उठकर चला आया। इसी प्रकार विचरण करता हुआ चारों तरफ घूमता रहा। अनेक ब्राह्मणों ने मेरे प्रश्नों को सुना और कहा कि ये सारे प्रश्न बहुत दुःख देने वाले हैं। मैं समस्त पृथ्वी पर घूमा और मैंने विचार किया कि ऐसा कोई भी ब्राह्मण नहीं मिला। फिर मैं हिमालय पर्वत पर आकर चिंता से ग्रस्त होकर बैठ गया। मुझे बार-बार चिन्ता हो रही थी तभी एक बात मन में आई कि अभी तक मैं परम उत्तम कलाप नाम के ग्राम को नहीं गया हूं। उस गांव में चौरासी हजार ब्राह्मण रहते हैं। वे साक्षात् तप की प्रतिमा हैं। यह बात ध्यान में आते ही मैं उस स्थान के लिए चल दिया। वहां पहुंचकर उस महान गांव को देखा। वह सौ योजन में फैला हुआ था और अनेक प्रकार के वृक्षों से भरा हुआ था।

उस परम पुण्यशाली गांव में सैकड़ों श्रेष्ठ आश्रम बने हुए थे और परस्पर जीवों में प्रेम की भावना थी। उस स्थान पर मुनियों का सदा उपकार होता था और उस गांव में कभी भी भय तथा ईर्ष्या का प्रवेश नहीं हुआ। मैं वहां पहुंचा और वहां के ब्राह्मणों से साक्षात्कार किया।

वहां पर अत्यंत मेधावी ब्राह्मणों को संबोधित करके मैंने कहा कि आप लोग मेरे मन की बात भी पूरी कीजिए। बेकार बातचीत करने से कोई लाभ नहीं है। मैं जो प्रश्न आपके सामने रख रहा हूं उनका उत्तर दीजिए। ब्राह्मणों ने कहा कि आप अपने प्रश्न बताइए। आपका भला हुआ कि आपने हमारे से कुछ प्रश्न पूछे। यह कहकर सभी ब्राह्मण अपने अहंकार से भर गए और एक-दूसरे का निषेध करके स्वयं प्रश्नों का उत्तर देने के लिए तत्पर हुए। जैसे वीर लोग रण में जाने के लिए उत्सुक होते हैं उसी तरह ब्राह्मण लोग भी मेरे प्रश्नों का उत्तर देने के लिए उत्सुकता दिखाने लगे। मैंने उन्हें अपने बारह प्रश्न सुनाए और तब उन्होंने कहा कि हे ब्राह्मण प्रवर, इन छोटे-छोटे प्रश्नों को पूछने का आपका क्या अभिप्राय है? इनका उत्तर तो कोई भी बालक दे सकता है। उनकी बात सुनकर मुझे लगा कि मैं बहुत कृतार्थ हो गया हूं। मेरे मन में विस्मय का भाव पैदा हुआ। उन ब्राह्मणों में मैंने जिसे सबसे छोटा समझा उसी से मैंने अपने प्रश्नों का उत्तर देने के लिए कहा। उसके बाद सुतनु नाम का एक बालक मुझसे बोला कि आपके इन छोटे प्रश्नों का उत्तर देते हुए मेरी वाणी मंद हो रही है लेकिन मैं केवल इसलिए उत्तर दे रहा हूं कि आप मुझे अल्पज्ञ न समझ लें। यह कहकर सुतनु ने उत्तर देना प्रारम्भ किया।

सुतनु ने कहा कि 52 अक्षर् मातृका के नाम से जाने गए हैं। इनमें अंधकार सबसे पहला अक्षर होता है तथा 14 स्वर होते हैं और 33 स्पर्श वाले वर्ण होते हैं। इसके बाद इनमें अनुस्वार, विसर्जनीय, जिह्वामूलीय और उपध्मानीय भी होते हैं। ये सब मिलकर 52 अक्षर हैं। अब इनका अर्थ भी आप सुनिए। इसके लिए मैं आपको एक घटना बताता हूं। मिथिलापुरी में एक कौथुम नाम का ब्राह्मण रहता था। उसने भूमंडल की सभी विद्याएं पढ़ रखी थीं। बिना एक क्षण नष्ट किए उसने सहस्त्र वर्षों तक विद्याध्यन किया। इसके बाद उसने अपना घर बनाया और घर में पुत्र की उत्पत्ति

हुई। कौथुम का पुत्र बहुत शांतचित्त रहता था और एक तरह से जड़ लगता था। उसने मातृका के अतिरिक्त और कोई ज्ञान प्राप्त नहीं किया था। उसका पिता उसे बार-बार पढ़ने के लिए कहता और लड्डू खाने का लालच भी देता। उत्तर में एक दिन पुत्र ने कहा कि क्या लोभ के कारण विद्या का अध्ययन होता है। यह अध्ययन तो परमार्थ की प्राप्ति के लिए किया जाता है। पिता ने कहा कि यह तो तुमने बहुत अच्छी बात कही लेकिन तुम मन लगाकर पढ़ते क्यों नहीं? तब पुत्र ने कहा कि हे पिता, इसी मातृका में मैंने सब कुछ जान लिया है इसके आगे मैं अपने गले को विद्या याद करने के लिए क्यों कष्ट दूं। यह बात सुनकर पिता को आश्चर्य हुआ और उसने कहा कि यह बहुत विचित्र बात है और तुम मुझे बताओ कि तुमने क्या-क्या जान लिया है।

अपने पिता की जिज्ञासा को ध्यान में रखते हुए पुत्र ने कहा कि आपने 31 हजार वर्ष विद्या अध्ययन करके भी अपने मन में भ्रम का संचय किया है। दर्शन शास्त्रों में जिसे धर्म कहा है वह बहुत विचलित करने वाला है और भ्रमित भी करता है। मैं आपको मोह रूपी अंधकार को नष्ट करने वाले सूर्यरूपी वाक्य को बतलाता हूं—यह अकार ब्रह्मा है और उकार विष्णु तथा मकार महेश है। यही तीन गुण हैं और इसकी अर्थ संगति में सदाशिव स्वयं विद्यमान हैं। यह उकार ही परम सनातन श्रुति है। इसमें जो ज्ञान है वह करोड़ों ग्रंथों द्वारा भी पूरी तरह से वर्णित नहीं किया जा सकता। किन्तु आप आगे और सुनिए कि अकार के आदि में 'अः' के अंत में रूप तक 14 स्वर हैं, ये चौदह स्वर मनुगण हैं। इन चौदह मनुओं के नाम हैं—स्वायंभुव, स्वारोचिष, उत्तम, रेवत, तामस और छठा चाक्षुष। वर्तमानकाल में वैवस्वत मनु विद्यमान है। इसके अतिरिक्त वावणी, रुद्र, सावर्णि, धर्म सावर्णि, रौच्य और भौत्य कुल मिलाकर चौहद मनु होते हैं। इन चौदह मनुओं के वर्ण श्वेत, पीले, लाल, तांबे के रंग वाले, गहरा पीले, काले, हल्के काले (श्याम), कपिल रंग के, धुए के रंग के तथा सुपिशंग पिशंगक, त्रिवर्ण, शबल और करकंधु रूप में इनके वर्ण होते हैं। वैवस्वत मनु कृष्ण रूप में दिखाई देता है। इसके साथ उकार भी जुड़ा हुआ है। ककार आदि जिनके प्रारंभ में हैं वे सब हकारांत पर्यंत

33 देवता हैं। ककार से आदि और उकार के अंत में 12 आदित्य कहे गए हैं। ये आदित्य घात, मित्र, अर्यमा, शक्र, वरुण, अंशु, भग, विवस्वान्, सविता, त्वष्टा और विष्णु के नाम से जाने जाते हैं। विष्णु रूप आदित्य सबसे अंत में उत्पन्न होने वाला है और वही सबसे अधिक गुणवान है। डकार के बाद आदि से लेकर वकारांत तक ग्यारण रुद्र होते हैं। मकार से आरम्भ करके सकार के अंत तक आठ सुगण माने गए हैं। पकार और हकार से अश्वनी कुमार माने गए हैं। इसके साथ जरायुज, अंडज, स्वेदेज और उद्भिज ये चार प्रकार के जीव अनुस्वार, विसर्ग, जिह्वामूलीय और उपध्यमानीय से माने गए हैं।

जब मन, वाणी और कर्म के द्वारा सुरों का पूजन होता है तो मनुष्य का परिमोचन होता है। पापियों के द्वारा देवगणों को मान्यता नहीं मिलती। देवगण सर्वत्र वैदिक मार्ग की प्रतिष्ठा करते हैं और प्रत्येक शास्त्र में अनेक निषिद्ध पाप कर्मों का उल्लेख किया गया है। ऐसे लोग मातृका का पाठ तो करते हैं लेकिन इसमें सुरों को नहीं मानते।

अपने पुत्र के मुख से इस प्रकार के वचन सुनकर पिता को बहुत आश्चर्य हुआ। उसके बाद उन्होंने और भी प्रश्न पूछे जिनका उत्तर सुतनु ने ठीक-ठीक दे दिया। मैंने भी आपसे यही उत्तम प्रश्न कहा है अब आप दूसरा उत्तर सुनिए। पांच–पृथ्वी, जल, तेज, वायु और आकाश–भूत होते हैं और पांच ही कर्मेंद्रियां और ज्ञानेन्द्रियां हैं। इनके पांच ही विषय होते हैं। मनु, बुद्धि, अहंकार प्रकृति और पुरुष भी पांच हैं। इस तरह ये कुल पच्चीस तत्त्व होते हैं और इनमें परिपूर्ण ही शिव है। इन पांच-पांच तत्त्वों से निष्पन्न को गृह कहा जाता है। इसके साथ-साथ वेदांती लोग बुद्धि को बहुत से रूपों वाली स्त्री कहते हैं और जब कभी उनका संयोग किसी एक धर्म से होता है तो वह एक प्रकार की होती है। इस तरह जो भी इस तत्त्व को जान लेता है वह नरक को प्राप्त नहीं होता। जो तत्त्व मुनियों के द्वारा नहीं कहा गया वह देवताओं को भी नहीं मानना चाहिए। पंचम काम से युक्त वाक्य कहा गया है। मनुष्य के मन का लोभ बहुत बड़ा ग्राह है। और इसके द्वारा मनुष्य पाप कर्म करता है। लोभी से क्रोध पैदा होता है और लोभ से ही काम उत्पन्न होता है। मोह, माया, मान, ईर्ष्या, अज्ञान सब

कुछ लोभ से परिचालित होते हैं। जो व्यक्ति लाभ को जीत लेता है वह परम तत्त्व को प्राप्त करता है क्योंकि लोभ के कारण ही मनुष्य दूसरे के धन का हरण करता है दूसरी स्त्रियों को देखता है और न करने वाले काम भी करता है। पुरुषों में अहंकार, निन्दा और पशुत्व चोरी आदि का भाव लोभ के द्वारा ही पैदा होता है। कुछ लोग ऐसे होते हैं जिनकी वाणी बहुत मीठी होती है लेकिन जिनका मन उस्तरे की तरह से काटने वाला होता है। ऐसे लोग पापकर्म में प्रवृत्त होते हैं। लोभ के द्वारा संसार को धोखे में डाला जाता है और अच्छे मार्गों का नाश कर दिया जाता है। जनक, प्रसेनजित् और युवनाश्व लोभ को जीत लेने के कारण ही दिव्य लोक को प्राप्त हुए।

अब मैं आपको आठ प्रकार के ब्राह्मणों के विषय में बताता हूं। वेद का आचरण करने वाला सरल व्यक्ति ब्राह्मण कहलाता है और श्रोत्रिय उसे कहते हैं जो वेद की किसी एक शाखा को कल्प के सहित छः अंगों से संयुक्त अध्ययन करके धर्म का ज्ञान प्राप्त करता है। अनुचान उस ब्राह्मण को कहा गया है जो वेदों तथा अन्य शास्त्रों का भी पूर्ण ज्ञाता होता है। वह ज्ञानी और परम श्रेष्ठ होता है। ध्रूण ब्राह्मण उसे कहते हैं जो परमश्रेष्ठ होने के साथ-साथ यज्ञ और स्वाध्याय करता रहता है और जो अपनी इंद्रियों को जीतकर सभी प्रकार का ज्ञान प्राप्त कर लेता है, अपने आप पर नियंत्रण कर लेता है उसे ऋषिकल्प कहते हैं। ऋषि ब्राह्मण वह होता है जो संशय से रहित, शाप देने और कृपा करने से पूर्ण समर्थ होता है और मुनि वह ब्राह्मण होता है जो सब प्रकार के तत्त्वों का ज्ञाता, काम क्रोध से रहित, मिट्टी और सोना दोनों में समान भाव रखने वाला होता है। इस तरह जो ब्राह्मण विद्या और चरित्र से परिपूर्ण होते हैं वे पूजा के योग्य होते हैं।

अब मैं आपको युगादियों के विषय में बताता हूं। कार्तिक महीने की शुक्ल पक्ष की नवमी तिथि को अक्षयनवमी कहते हैं। उसे ही कृत युग के आदि का दिन कहा गया है। अर्थात् नवमी से ही कृत युग का प्रारम्भ होता है। बैशाख के महीने शुक्ल पक्ष की तृतीया को अक्षय तृतीया कहते हैं और उससे त्रेता का प्रारम्भ माना गया है। माघ मास की पूर्णा तिथि अर्थात्

पूर्णिमा से द्वापर युग का प्रारम्भ माना गया है तथा आषाढ़ महीने की कृष्णपक्ष की त्रयोदशी तिथि को कलियुग का आदि दिन माना गया है।

युगों के पहले दिन में दिया गया दान बहुत महत्त्वूपर्ण होता है। अब इसके आगे आप मनुष्यों के (मनुओं के) आदि दिवस भी सुनिए। आषाढ़ महीने की दसवीं, माघ महीने की सप्तमी, सावन की अष्टमी, आषाढ़ की पूर्णिमा, कार्तिक की फाल्गुनि, चैत्र और जेठ की पंचदशी ये सारी तिथियां मनवंतरों की आदि तिथियां हैं। जिस तिथि में सबसे पहले सूर्य ने रथ की प्राप्ति की थी वह रथ सप्तमी के नाम से जानी गई तिथि है। रथ सप्तमी की तिथि बहुत महत्त्वपूर्ण है और इसमें दिया गया दान अक्षय होता है।

निरंतर याचना करने वाला व्यक्ति कभी स्वर्ग का अधिकारी नहीं होता। जो व्यक्ति संसार में अपने कर्म के द्वारा अपना प्रमाण प्रस्तुत करता है वही बुद्ध पुरुष है और दक्षों में भी परम दक्ष कहा गया है। किसी भी पुरुष को अपनी वय और आयु के अनुसार कर्म करना चाहिए इससे उसे सुख प्राप्त होता है। वेदांतवादी लोग दो मार्ग बताते हैं। एक अर्चि मार्ग जिसके द्वारा मोक्ष की प्राप्ति होती है और दूसरा धूम मार्ग है इससे पुनः आया जाता है। यज करके धूम प्राप्त किया जाता है और निष्कर्म भक्ति से अर्चि की प्राप्ति होती है।

इसके उपरांत उन्होंने कहा कि मैंने ये सारी बातें आपको बता दी हैं। अब आप भी अपना परिचय दीजिए।

यह सुनकर नारदजी बोले कि फिर उन्होंने तप की मूर्ति स्वयं रूप का परिचय दिया। उसी समय लोमश के नाम क्रे मुनिवर कपिल वर्ण वाले, अग्नि के तुल्य, जटाओं को सिर पर धारण करके दिखाई दिए। उनके हाथ में तिनके का समूह था और दाहिने हाथ में माला थी। ऐसे श्रेष्ठ मुनि को सबने देखा। फिर उनका यथोचित रूप से सत्कार किया गया। यह मुनि ऐसे थे जिनका कलाप ग्राम में बहुत आदर होता था। इन सभी ब्राह्मणों ने विभिन्न प्रकार से महामुनीन्द्र से बातचीत की।

उनमें से कूर्म्म ने कहा कि इन्द्रद्युम्न क्षत्री जनों में अग्रणी है लेकिन कीर्ति के लोप हो जाने से स्वर्ग से अलग कर दिया गया है। मार्कण्डेय

आदि ऋषियों के द्वारा उद्धार प्राप्त करने पर यह स्वर्ग को पाना ही नहीं चाहता। हे मुनि, आप इस पर कृपा कीजिए कि यह स्वर्ग की इच्छा करने लगे। यह राजा आपका शिष्य है और इसे मैं आपके पास लाया हूं। आप कृपा करके इसे ज्ञान दीजिए। क्योंकि जो तत्त्व प्रेरणा के योग्य नहीं है उन्हें साधु नहीं कहा जाता। आप इसे पूर्ण धर्म की जानकारी दीजिए। कूर्म्म से यह प्रश्न सुनकर लोमशजी ने कहा कि हे राजन्, आप अपने हृदय में संदेह न रखकर बताइए कि आपको किसने क्या दिया। तब राजा इन्द्रद्युम्न ने कहा कि हे भगवान् आप यह बताइए और यही मेरा पहला प्रश्न है कि इस गर्मी के समय में जबकि सूर्य आकाश के मध्य में स्थित है तो वह आपके आश्रम में क्यों नहीं है। आपने अपने हाथ में तिनके क्यों लिए हुए हैं? लोमशजी ने उत्तर देते हुए कहा कि प्रत्येक कार्य, कार्य-कारण से जुड़कर होता है। कोई भी अंगार किस तरह शुद्धता को प्राप्त हो सकता है। जो लोग इस अनित्य शरीर के लिए पाप कर्म करते हैं वे कभी लज्जित नहीं होते? भगवन् की वैष्णवी माया इतनी अद्‌भुत है कि विवेकहीन पुरुष को मुग्ध कर देती है। मनुष्य मृत्यु का ज्ञान नहीं रखते। जिस तरह से मुख के दांत अस्थिर होते हैं उसी तरह लक्ष्मी भी अस्थिर होती है। यह यौवन और जीवन भी चलायमान है। इसलिए वास्तविक घर केवल दान होता है। अर्थात् जो दान कर दिया वही स्थिर और शाश्वत होता है। राजा इन्द्रद्युम्न ने कहा कि हे ऋषि इन तीनों लोकों में आप ही चिरायु हैं इसका उत्तर देते हुए लोमशजी ने कहा कि प्रत्येक कल्प में मेरे शरीर में एक रोम का क्षय होता है। सर्वनाश होने पर यह फिर मेरे भविष्य में होने का आधार भी बनता है। मेरे इन जानुओं को देखो यह दो अंगुल तक रोम से रहित हैं। यह देखकर मैं सोचता हूं कि मृत्यु अवश्यंभावी है। फिर ग्रहों से हमारा क्या संबंध?

नारदजी ने कहा कि इस तरह लोमशजी के वचनों को सुनकर राजा को बहुत आश्चर्य हुआ। फिर राजा ने उनकी इस तरह की आयु के विषय में जानने के लिए कहा कि आपकी यह आयु क्या आपके विशाल दान और तप का प्रभाव है। तब लोमशजी ने कहा कि हे राजन् अब मैं शिव धर्म से युक्त अपने पूर्व जन्म की कथा कहता हूं, इससे ही आपको सारी

बात ज्ञात हो जाएगी।

मैं पहले शूद्र था और अत्यंत गरीब तथा अपने भोजन के लिए घूमा क़रता था। एक दिन मैंने जल के बीच स्थित एक महान् शिवलिंग का दर्शन किया। दोपहर के समय में उसके जल का आधार मैंने पास से ही देखा था। फिर मैंने उसके द्वार में प्रवेश किया और शंभु भगवान् के पवित्र जल का पान किया और स्नान भी किया। इसके बाद कमल से फूलों से शिवलिंग की पूजा की। इस तरह भूख से व्याकुल मैं भगवान् को नमस्कार करके फिर से आगे के रास्ते में चल दिया। इसके बाद भगवान् शिव की पूजा करने से और शिवलिंग को स्नान कराने के कारण मैं एक ब्राह्मण के घर में पुत्र के रूप में पैदा हुआ। फिर मैंने यह अनुभव किया कि यह जगत् असत्य है और सांसारिक विलास झूठा है। यह ज्ञान प्राप्त करके मैं मौन में स्थापित हो गया। उस ब्राह्मण ने शिवजी की आराधना करके बुढ़ापे में मुझे प्राप्त किया था इसलिए उसने मेरा नाम ईशान रख दिया। उसने मेरी मौन स्थिति को दूर करने के लिए बहुत-सी औषधियां दीं। यौवन में पदार्पण करने के बाद मैंने एक रात अपने घर को त्याग दिया और फिर से कमल के फूलों से भगवान् का पूजन करके फिर अपने घर गया पर मुझे संबंधियों के द्वारा मूर्ख जानकर त्याग दिया गया। मैं भी केवल फलों के आहार पर रहने लगा। सौ वर्ष बीतने के बाद भगवान् शिव ने दर्शन दिये और मैंने उनसे जरामरण को क्षय करने की प्रार्थना की। मैंने उनसे वरदान मांगा कि कल्प के अंत में एक रोम का पात होए और जब सब रोम गिर जाए तब मैं मृत्यु को प्राप्त होऊं और आपका गण बनूं। भगवान् मुझे यह वरदान देकर चले गए और मैं तप करने लगा। आप भी शिवजी की पूजा कीजिए और अपने मन की कामना पूरी कीजिए। अत्यंत पुण्यों वाला पुरुष ही शिव की अर्चना कर सकता है। हे राजन्, मैंने आपको दीर्य आयु का सार बता दिया। मेरी दीर्घ आयु शिव के प्रसाद से ही हुई है। आप नंदीश्वर को ही देखिए वे ही शिव की पूजा के कारण ही सिद्ध हुए हैं। अतः हे राजा, भगवान् शिव की उपासना परम पद के द्वार खोलती है।

नंदीश्वर ने मुनि से कहा कि आप शिव के परम भक्त हैं। इस संपूर्ण

संसार में भूतों के कल्याण के लिए जो आपने स्थान पूछा है वह तो समस्त प्राणियों के विभिन्न रूप से शरीर धारण करने के आधार पर ही कल्पित किया जाता है। आपने मनुष्य जाति के हित के लिए अनेक वर्षों से सेवा की लेकिन जन्म और मरण कभी भी समाप्त नहीं होते। मनुष्य इनके बीच में घूमता ही रहता है। नर्मदा, गोदावरी, गोमती और हेमवती नदी के किनारे भी ऋषि-मुनि निवास करते हैं। इधर समुद्र के किनारे कुछ लोग अन्य द्वीपों में रहते हैं। कृष्णा, तुंगभद्रा नदी के किनारे भी मुनियों का निवास है। कावेरी और वेत्रवती के किनारे भी तथा ऐरावती और कन्याकुमारी के किनारे रहने वाले ऋषि ज्ञानी और ध्यानी हैं। इस प्रकार कुछ बिन्दुसर के समीप रहते हैं और कुछ पम्पा सरोवर के किनारे। कुछ भैरवी, कौशिकी, मालिनी, गधवती और मानसी के किनारे रहते हैं। कुछ ऋषि मुनि इन्द्रद्युम्न नाम के तालाब मणिकर्णिका और वर्धा के किनारे रहते हैं। तापती नदी के किनारे भी इनका निवास है। पाताल, गंगा, सहरावती, वितस्ता और चन्द्रभाग नदी के समीप भी मुनियों का निवास होता है। वाराणसी का क्षेत्र पांच कोस की परीधि में पावन क्षेत्र कहा गया है। यहां पर कपालमोचन और कालभैरव रहते हैं। काशी ही वह स्थान है जहां रुद्रत्व की प्राप्ति होती है।

गया और प्रयाग में पिंडों का दान किया जाता है। केदार तीर्थ में अनेक पुण्य कर्म करते हुए मनुष्य पूजा करते हैं। बद्रिकाश्रम क्षेत्र सभी प्रकार की सिद्धियों को देने वाला है। यहां पर त्र्यम्बक प्रभु विराजमान हैं। नैमिष क्षेत्र भी बहुत महत्त्वपूर्ण है। यहां पर दैवत्व नामधारी महेश्वर और सारंगधारिणी देवी विराजमान हैं। यहीं पर ॐकार नाम वाले ईश्वर विराजमान हैं और चंडिका का नामधारिणी महेश्वरी। पुष्कर में मुण्डी नाम के महादेव और दंडिका नाम वाली देवी रहती है। एक स्थान कुरुक्षेत्र के नाम से है यहां स्थाणु प्रिया नाम वाली भगवती देवी और स्थाणु नामधारी भगवान् देव विराजमान हैं। मैंने इसके पूर्व कनखल नाम वाले परम उत्तम स्थान के विषय में भी बताया था। हे मारकण्डेय, तालक नाम से एक महा क्षेत्र है जिसमें स्वायम्भुवी देवी और स्वयंभु भगवान् हैं। कृतिवास कैलाश गिर से भी महत्त्वूपर्ण स्थान है। यहां पर ब्रह्माजी ने भ्रमणंबिका नाम की

देवी और मल्लिकार्जुन महेश्वर की पूजा की थी।

तिल्ली नाम का एक जंगल है और उसके बीच में व्याघ्र पूर्व स्थान है। यहां पर पतंजलि ने नृत्य करते हुए ईशान की पूजा की थी। एक स्थान श्वेतारण्य है जहां पर ऐरावत ने अपना टूटा हुआ दांत भगवान् शिव क़ी कृपा से प्राप्त कर लिया था। एक स्थान पर सेतुबंध नाम का है और वह रामेश्वर के नाम से विख्यात है। इस प्रकार आपने सौमनाथ के सौम तीर्थ को भी सुना होगा। अपने सिद्ध वट नामक क्षेत्र के विषय में सुना होगा कि यहां पर सिद्ध पुरुष भगवान् ज्योतिर्लिंग का भजन-पूजन करते हैं। इसके साथ आपने यह भी जान लिया होगा कि कंकाद्रि क्षेत्र है जहां पर प्रत्येक व्यक्ति ब्रह्मा और केशव की पूजा करके मोक्ष की प्राप्ति की कामना करते हैं। ब्रह्मपुर नामक क्षेत्र भी आपने जान लिया होगा जहां पर इन्द्रजीत ने भगवान् धूर्जटि की स्थापना की थी। मैंने त्रिपुरांतक क्षेत्र के विषय में आपको बताया था कि यहां त्रयम्बक भगवान् के दर्शन करके प्राणियों का नरक भय समाप्त हो जाता है। इसके अतिरिक्त कालांजन, प्रभास क्षेत्र, हेमकूट आदि अनेक तीर्थ और पूजा-स्थल हैं। यहां पर एक जलंधर नामक स्थान भी है जहां पर जलंधर ने पूजा करके भगवान् शिव के गणपति का पद प्राप्त किया। एक ज्वालामुखी नाम का स्थान हैं यहां ज्वालामुखी देवी ने कालरुद्र का पूजन किया था। यहीं पर एक भद्र वट नाम का क्षेत्र है। इसके साथ न्यग्रोधारण्य और गन्धमादन पर्वत स्थित है। यहां पर आंजनेय ने भगवान् मृत्युंजय की पूजा की थी।

मैंने स्वयं मयूरापुर के क्षेत्र के विषय में आपको बताया था। एक श्रीसुन्दर नाम का क्षेत्र वेत्रवती के किनारे बसा हुआ है। इसमें कलियुग में भी देवलोक दिखाई देते हैं। कुंभकोण नाम का एक शंभू का स्थान है। यहां पर गंगाजी माघ के महीने में अपने पापों की शांति के लिए पूजा अर्चना करती हैं। गोदावरी नदी के किनारे पर एक त्र्यंबक नाम का स्थान है। वहां भगवान् गुह्य ने तारकासुर को मारने वाली शक्ति प्राप्त की थी। एक अविनाश क्षेत्र भी है जो महत्त्वपूर्ण है। हरकेश्वर नाम का एक क्षेत्र है जो पाताल लोक में स्थित है। यहां पर भगवान् रुद्र ने मित्रावरुण के लिए वरदान दिया था और वैरोचनी ने अपने पद की प्राप्ति के लिए पूजा की थी। यह सब

कुछ मैंने आपको पहले बता दिया था। तब आप फिर से क्यों पूछ रहे हैं।

मार्कण्डेयजी ने कहा कि हे प्रभु आप ऐसी बात मत कीजिए। आपने जिन-जिन स्थानों के विषय में बताया है उनके फल भी अलग-अलग हैं। अब ऐसा स्थान बताइए जहां सब प्रकार के फल प्राप्त हो जाएं। चर और अचर प्राणियों के विषय में जो जानते हैं और जो पूरा ज्ञान नहीं रखते किन्तु केवल स्मरण से ही मुक्त हो जाते हैं आप ऐसे स्थान को बताइए। आपने पहले ही दिव्य आद्य पुराणों की शिक्षा दी है तो आप कृपा करके गोपनीय रहस्य का उद्घाटन कीजिए।

इस तरह जब मार्कण्डेय ने प्रार्थना की तो नंदीश्वर ने कहा कि मैंने आपके मन की परीक्षा लेने के लिए ही इस तरह से बातचीत की थी। यदि ऐसा ही रहस्य मैं आपको बता देता हूं तो फिर जानने योग्य क्या रह जाएगा। आप परम भगवान् शिव भक्त हैं और छोटी आयु में भी बहुत ज्ञानी हो गए हैं। आप रहस्यपूर्वक सभी शंकरधर्मों का ज्ञान रखते हैं। केवल आपने ही चिरकाल तक मेरी सेवा की है। जो स्नेह आपमें है वह और किसी में नहीं है।

अब मैं तुम्हें उन सभी महत्त्वपूर्ण तीर्थों और स्थानों के विषय में बताता हूं जिनके विषय में जान लेना चाहिए। मैं जिस परमेश्वर के रहस्य का उद्घाटन करता हूं उस पर पूरा विश्वास करना चाहिए। तुम कामदेव को भस्म करने वाले भगवान् शंकर का स्मरण करो और ॐकार का उच्चारण करो। हे तपस्या के धनी, अब मैं अरुण नाम के महत्त्वपूर्ण स्थल का व्यापक विवेचन करता हूं। दक्षिण दिशा में द्रविड़ देशों में यह अरुणाचल नाम का महान क्षेत्र विद्यमान है। इसका विस्तार तीन योजन है। और शिव के योगियों के द्वारा यह उपासना करने योग्य है। यह प्रदेश इस भूमि का हृदय ही समझना चाहिए, इसमें भगवान् शंकर स्वयं विराजमान होते हैं। यह जो अरुणाचल पर्वत है इसके रूप में स्वयं साक्षात् शिव विराजमान है। इसमें सभी सिद्धियां निवास करती हैं, यहां पर अनेक महर्षि, विद्याज्ञानी, यश, गन्धर्व, अप्सरायें आदि रहते हैं। यह सुमेरु पर्वत से भी अधिक माननीय है। यहां पर रहने वाले वृक्ष, तिर्यक योनि वाले प्राणी तथा शवर भी शिवजी के पुत्र गणेश और कार्तिकेय से अपने को अधिक महत्त्वपूर्ण समझते हैं। भास्कर नाम का पर्वत इसकी पूर्व दिशा में है। शोणादि पर्वत के दक्षिण

दिशा में अमराचल नाम की उपत्यका है। इसके अन्य पर्वत प्रदेशों में दूसरे दिकपाल उपासना करते हैं भगवान् गिरीश के द्वारा देखे जाने पर समान संबंधों के होने के कारण हिमवान पर्वत का प्रमोद बढ़ जाता है। वर्षाकाल के अवसर पर इसके शिखर के नीचे अभिनील बला हक रहा करता है। जो कालकूट विश्व को भी पीने वाला होता है।

यह पर्वत मानो अष्टमूर्तियों वाला होकर प्रकट होता है। स्वयं इरा और पिंगला इसमें विराजमान हैं। इसके बीच में कमला नदी सुषुम्ना नाड़ी की तरह से है। यहां के कौल और हंस रूप ब्रह्मा और विष्णु हुए थे। भगवान् शंभु ने उनकी प्रार्थना पर उनके साथ निवास किया था और योगी गौतम ऋषि ने सदाशिव प्रभु को साक्षात्कार यहीं पर किया था। यहां पर हिमवान पर्वत की कन्या ने काम को नाश करने वाले शिव के अर्द्धरूप को प्राप्त किया था। यहां पर स्थित शिवलिंग सभी प्रकार के मोक्ष को देने वाला है। यहां पर गौरी के निर्देश से दुर्गा ने महिषासुर को मारा था। दुर्गा सत्पुरुषों को मन के अनुकूल वर देने वाली है और उसी के खड्ग के कारण यहां पर खंग तीर्थ प्रख्यात हुआ था। यहां शिव लिंग का अर्चन दुर्गा के द्वारा किया गया और उसे एक बार नमस्कार करने से परम पुण्य प्राप्त होता है।

इस प्रदेश में 'ॐ नमः शिवाय' के अतिरिक्त और कोई मंत्र नहीं चलता। महेश्वर से अधिक कोई धर्म नहीं। रुद्र से बड़ा यहां पर कोई वेद नहीं और शिव के ज्ञान के अतिरिक्त और कोई ज्ञान नहीं। यहां का सबसे बड़ा शैव विष्णु ही है और इस प्रदेश में भक्ति से बड़ा अन्य कोई सदाचार नहीं है। रुद्राक्ष के अतिरिक्त और कोई आभूषण नहीं और शिव के आगम से अधिक कोई शास्त्र नहीं। यहां पर सुवर्णक ही सबसे बड़ा फूल है। इस अरुण पर्वत के समान न मेरु हैं, न कैलाश और न मदिराचल। यह अरुणाचल साक्षात् गिरीश है। इस प्रकार नन्दिकेश्वर के द्वारा सब कुछ जानकर मार्कण्डेय बहुत प्रसन्न हो गये।

फिर मार्कण्डेय मुनि ने उनसे प्रार्थना की कि मनुष्य को संसार के बंधन में बांधने वाले तत्त्वों के विषय में बताया जाये। उन कर्मों के विषय में भी मार्कण्डेय ने पूछा कि जिनके द्वारा मनुष्य को नरक मिलता है और उनके विषय में भी जिनसे उसे छुटकारा मिल जाता है।

वैष्णव खण्ड

एक बार 12 वर्ष में पूरा होने वाला यज्ञ का एक सत्र वेंकटाचल में आयोजित किया गया। यहां पर मुनि उग्रश्रवा आए और उन्होंने सूतजी का अभिवादन किया। सूतजी ने उनकी उपस्थिति में वाचन किया। ऋषियों ने लोमहर्षणजी से कहा कि आप सर्वज्ञ हैं, हमारे सामने इस पृथ्वी तल पर गिरियों के इन्द्र की महत्ता का वर्णन कीजिए। आप यह बताइए कि कौन-कौन से पर्वत किस-किस रूप में अधिक श्रेष्ठ हैं।

यह सुनकर सूतजी ने कहा कि बहुत पहले अनेक मुनियों ने व्यासजी से भी यह प्रश्न किया, तब उन्होंने कहा था कि हे सूत पुराने समय में महर्षि नारद ने एक बार सुमेरु पर्वत पर आकर ब्रह्माजी का सुंदर घर देखा। उसके उत्तर भाग में एक पीपल का पेड़ था जिसकी ऊंचाई एक हजार योजन थी और वहां पर मणि मुक्ताओं से युक्त स्वस्तिक मालिका की रचना की गई थी। वहां पर एक ऊंची वेदी थी उस पर नारदजी चले गये और उन्होंने देखा कि आठ पैरों वाला सिंहासन वहां पर विद्यमान है। उसके बीच में सहस्त्र कमल से सुशोभित और सहस्त्र श्वेत चंद्रमाओं की आभा जैसा चमकने वाला दिव्य पुष्कर था। उसके मध्य पूर्ण चन्द्रमा की आभा से युक्त कैलाश पर्वत की आकार वाले एक सुंदर पुरुष जैसे को विराजमान देखा। उसके चार भुजाएं थी, अंग बहुत उदार था, वराह जैसा मुख था और शंख, चक्र धारण किए उनके हाथ थे। उन्होंने पीले वस्त्र पहने हुए थे और वे शिव सागर के समान शांत उनके मुख पर आभा विद्यमान थी। उनके वक्ष पर श्रीवत्स का शुभ चिह्न बना हुआ था, वे कौस्तुभ मणि से युक्त थे। उस दिव्य सुन्दर रत्नों से युक्त आभूषणों से सुशोभित पुरुष जैसे रूप की आभा ऐसी थी जैसे बिजलियों की बीच में शरद का बादल बैठा हो। अनेक प्रकार के आभूषणों से युक्त उस देव का नारदजी ने स्तवन किया और उसके समीप ही बैठ गये। थोड़ी देर बाद

अपनी सखियों के साथ वहां धरणी देवी आयीं जो सागर के समान आकर वाली थी और दिव्य आकाश के समान उनकी वेशभूषा थी। इड़ा और पिंगला नाम की दो सखियां उनके साथ थीं। वहां पर धरणी देवी ने पुष्पों के समूह को वराह के चरणों में बिखेर दिया और देव को प्रणाम किया तथा वहीं पर अपनी गोद में बिठा लिया। फिर उनसे कुशल पूछी। उन्होंने पूछा आप किस कारण आई हैं? पृथ्वी देवी ने कहा कि आपने मुझे पाताल से उबार कर हजारों फनों वाले शेष नाग के फन पर प्रतिष्ठित कर दिया है। आप मुझे स्थापित करके अनेक पर्वतों को भी मेरे ऊपर स्थापित कर चुके हैं। मैं इन पर्वतों को धारण करती हूं और ये मुझे धारण करने की क्षमता रखते हैं। किन्तु हे महाबाहो! मेरे आधारभूत जो भी पर्वत हैं आप मुझे उनके विषय में बताने की कृपा करें।

वराहदेव ने कहा–हस्ती शैल की उत्तर दिशा में 5 योजन विस्तार वाली स्वर्ण मुखरी नाम से एक नदी है। उस नदी के उत्तर में कमल नाम का सरोवर है। वहां भगवान् श्रीकृष्ण विराजमान हैं। अनेक संन्यासी और ऋषि लोग उनका नित्य सम्मान करते हैं। उसके उत्तर भाग में वेंकटाचल नाम का भगवान् का घर ही है। वहां सात योजन ऊंचा एक पर्वत है। इस पर्वत पर अनेक ऋषि और मुनि निवास करते हैं तथा अनेक नदियां बहती हैं। इसमें चक्र तीर्थ देव तीर्थ आदि तीर्थ हैं। इनमें पुष्करिणी तीर्थ सर्वश्रेष्ठ हैं। इसके पश्चिम किनारे पर मैं तुम्हारे साथ निवास करता हूं। दक्षिण किनारे पर जगतपति रहते हैं। इस पुण्य में तीर्थ स्थान पर और भी अनेक छोटे-छोटे तीर्थ हैं।

धरती के वराह भगवान् ने कहा–आपने छः तीर्थ बतलाये हैं। मुझे उनका माहात्म्य बताने का कष्ट करें। जो लोग इन तीर्थों में स्नान करते हैं उन्हें क्या फल मिलता है।

वराह ने कहा–मैं नारायणाद्रि का महत्त्व बताता हूं। सब सतयुग में अंजनादि को ओर त्रेता में नारायणगिरि को द्वापर में सिंह शैल को और कलियुग में वेंटकाचल को मूलरूप से मानते हैं। विद्वान इन गिरियों को भगवान् का निवास कहते हैं। यह सभी पर्वत पापों का नाश करने वाले हैं। इनमें भूधरेन्द्र हैं जो कुम्भ राशि का सूर्य में स्थित होकर सुयोग्य को

प्रदान करता है। यहां पर कुमार धारिका नाम वाली नदी हैं वहां अग्नि से उत्पन्न होने वाले शिव और पार्वती के पुत्र कार्तिकेय विराजमान होते हैं। उनके साथ उनकी देव सेना रहती है। जब सूर्य मीन राशि पर मिलता है और उत्तराफाल्गुणी से युक्त होता है तो ऐसे में जो स्नान करता है उसे मोक्ष मिल जाता है। मेष राशि पर सूर्य के आने के बाद चित्रा नक्षत्र में युक्त पूर्णिमा में जो गंगा में स्नान करता है वह मोक्ष की प्राप्ति करता है।

अनन्त नाम वाले इस महान पर्वत में एक देव तीर्थ नाम का स्थान विख्यात है। वहां पर एक तालाब है। उसमें स्नान करने का निश्चित समय है। तीर्थ में स्नान करने से पुण्यों का विकास होता है और इन दिनों में अन्न का दान करने वाला व्यक्ति हमेशा दाता बना रहता है।

श्री व्यास देव जी ने बताया कि इसके बाद धरती बहुत प्रेम से वराह के सामने झुकी और फिर उन धरणीधर देव का स्तवन करते हुए कहा– हे देवेश्वर! आप पराक्रमशील हैं, आपके नेत्र विशाल हैं और कमल की तरह सुन्दर हैं। आप सम्पूर्ण विद्याओं के घर हैं। शब्दों में अवर्णनीय हैं। आपको बार-बार नमस्कार! इस तरह से पृथ्वी ने भगवान् की स्तुति करके उन्हें प्रसन्न कर दिया फिर वराह ने उनका आलिंगन किया और अपनी गोदी में बिठा लिया और इसके बाद अपने गरुड़ यान पर बैठकर वृषभाचल को चल दिये। नारद आदि मुनियों ने उनका स्तवन किया, व्यासदेवजी ने कहा कि नारदजी ने यह बताया कि यह सब कुछ मैंने कहीं सुना था और मैंने जो तुम्हें बताया वह नारदजी से सुना था।

फिर सूतजी ने कहा कि व्यासजी ने जो कुछ भी मुझे बताया वह मैंने आपको कह दिया। फिर ऋषियों ने सूतजी से कहा कि आपने हमारे सामने महिन्द्र नामक भूघर का वर्णन किया है और उसका माहात्म्य बताया है। अब आप हमें यह बताइए कि भगवान् वराह देव पृथ्वी को लेकर जब वृष पर्वत पर गये तब उनकी और धरणी देवी की क्या बातचीत हुई।

यह सुनकर सूतजी ने कहा कि पहले परम पुण्यतम कृत युग में वैवस्वत मन्वंतर में वराह रूपधारी देवेश्वर नारायण नामक पर्वत में विराजमान थे तब उनसे धरणी ने कहा आपको किस मंत्र के द्वारा पूजित

किया जाये। यह मंत्र ऐसा हो कि जिसके जाप करने से मनुष्य को संपत्ति पुत्र, सुख मिले और उनकी कामनायें पूरी हों और वह आपके चरणों को प्राप्त करे। इस पर वराह भगवान् ने कहा कि हे देवी! जो मुक्ति पाना चाहता हो उन्हें इस मन्त्र का जाप करना चाहिए। यह मंत्र है—ॐ नमः श्री वराहाय धरणीउद्धरणाय वह्निजाय। इस मंत्र के ऋषि संकर्षण हैं और देवता मैं हूं। इसका बीज श्री है और छंद पवित्र है।

इसके बाद सूतजी ने बताया कि भूमि के फिर से पूछने पर कृत युग में मनु के द्वारा जाप किये जाने के बाद मनु वराहवत हो गये और मेरे दर्शन पाने पर उन्हें मेरा स्थान प्राप्त हो गया।

एक बार इन्द्र दुर्वासा ऋषि के श्राप से अपने आसन से भ्रष्ट हो गये थे। फिर उन्होंने वराह देव की पूजा की और अपना आसन प्राप्त किया। अन्य मुनियों ने भी इस तरह इस मंत्र के जाप से अपनी परम गति प्राप्त की। इसलिए इस मंत्र का जाप सदा करना चाहिए। सूतजी ने कहा कि यह सुनकर धरणी बहुत प्रसन्न हुई। तब उन्होंने फिर पूछा कि आप मुझे बताइए कि वेंकट नाम धारी पर्वत पर श्री भूमि सहित जगत् के स्वामी कब आते हैं।

महर्षि सूतजी ने कहा कि मैं अब आकाश गंगा नाम वाले तीर्थ का माहात्म्य बताता हूं। आकाश गंगा के पास ही महान् विद्वान् रामानुज ने तप किया था। रामानुज जितेन्द्रिय और विष्णु के भक्त थे। इन्होंने श्रीकृष्ण शरणं नमः इन आठ अक्षरों वाले मंत्र का बहुत जाप किया। यह तपस्वी हेमंत ऋतु में भी जल में स्थिर होकर तप करता था और इससे प्रसन्न होकर भगवान् चक्रपाणि ने उन्हें दर्शन दिये। जब चक्रपाणि ने दर्शन दिये तो उनकी आभा करोड़ों सूर्यों के समान झलक रही थी।

रामानुज ने ऐसे प्रभु का स्तवन किया और कहा कि हे वैंकटेश भगवान् मैं आपको प्रणाम करता हूं। तब भगवान् ने कहा कि कोई भी वरदान मांग लो। रामानुज ने कहा कि हे प्रभु मैं तो आपके दर्शन से ही धन्य हो गया हूं मुझे और कुछ नहीं चाहिए। मैंने आपको जान लिया है यही मेरे लिए सबसे बड़ा वरदान है। आप ऐसे हैं कि योगी भी आपको नहीं देख सकते किन्तु मैंने आपके साक्षात् दर्शन कर लिंये हैं। हे प्रभु मैं आपकी अविचल भक्ति चाहता हूं। इस पर भगवान् ने कहा कि तुम मेरे

परम भक्त होगे। और अब तुम इस गंगा के समीप ही निवास करो। तुम शरीर के अन्त होने पर परम गति को प्राप्त होगे। इस आकाश गंगा के जल में जो स्नान करता है वह परमपद को प्राप्त करता है। तब रामानुज ने पूछा कि मैं आपसे भागवतों के लक्षण जानना चाहता हूं। तब भगवान् वेंकटेश ने कहा कि भागवत वे होते हैं जिनके मन में संपूर्ण जीवधारियों के लिए भलाई होती है जो ईर्ष्या नहीं करते और जिनकी कोई कामना नहीं होती, जो बहुत शांत होते हैं। इसके बाद भगवान् ने बताया कि कुछ भागवोत्तम भी होते हैं जो माता-पिता की सेवा करते हुए देवों की अर्चना में लगे रहते हैं वे भागवोत्तम होते हैं।

जिन भक्तों की रति तपस्वियों में होती है और जो कभी किसी की निन्दा नहीं करते वे इसी श्रेणी में आते हैं। भागवतों के कुछ अन्य लक्षण भी हैं–दूसरों की उन्नति को देखकर ईर्ष्या न करना केवल भगवान् की भक्ति करना बगीचों और तालाबों की रक्षा करना, अनेक मंदिरों को बनवाना और निरंतर गायत्री का जाप करना तथा श्रवण कीर्तन करना भी उत्तम भागवतों के लक्षण हैं। ऐसे उत्तम भागवत हमेशा अपने ज्ञान को दूसरों को बताया करते हैं। अर्थात् जिन शास्त्रों को वे जानते हैं उन्हें औरों को भी बताते हैं। पानी का दान और अन्न दान करते हुए एकादशी का व्रत रखते हैं और अपने सम्पूर्ण कर्म मुझे ही अर्पित करते हैं। जो मेरे परम भक्त होते हैं और अपना सारा समय मेरे स्मरण में बिताते हैं वे उत्तम भागवत होते हैं।

श्री सूतजी ने कहा कि हे ऋषियों, मैंने इस तरह विद्य गंगा का माहात्म्य बता दिया है।

इसके बाद ऋषियों ने पूछा कि उस पर्वत में कितने तीर्थ हैं? उन तीर्थों में कितने तीर्थ प्रमुख हैं और किनसे किस रूप में वैराग्य की भावना पैदा होती है? ऐसे कितने तीर्थ हैं जो भक्ति की भावना पैदा करते हैं? और ऐसे कितने तीर्थ हैं जो मुक्ति देने वाले हैं?

सूतजी ने कहा हे मुनियों, इस उत्तम अंचल में 66 करोड़ पुण्य स्थल हैं। उन सबमें एक हजार आठ मुख्य तीर्थ हैं और इस पर्वत पर 108 तीर्थ ऐसे हैं जो धर्म में प्रेम उत्पन्न करने वाले हैं। 130 तीर्थ भक्ति और वैराग्य

प्रदान करने वाले हैं और इस पर्वत पर छः तीर्थ ऐसे हैं जो मुक्ति प्रदान करने वाले हैं। ये छः तीर्थ इस प्रकार हैं, विद्य गंगा तीर्थ, पुष्करणी तीर्थ, पाप विनाशक तीर्थ, पाण्डु तीर्थ, कुमारधारिका तीर्थ और तुम्बी तीर्थ। सभी भक्त कुम्भ महीने में जब मघा नक्षत्र का, योग पड़ता है तो कुमारधारिका तीर्थ में जाते हैं तब वहां स्नान करने से राजसूय यज्ञ का फल मिलता है। यहां पर मुक्ति भी मिल जाती है। तुम्बी नामक तीर्थ में दोपहर में सभी लोग एकत्रित होते हैं और स्नान करते हैं, इससे उन्हें पुनर्जन्म नहीं मिलता। विद्य गंगा तीर्थ में पूर्णमासी तिथि के दिन स्नान करने पर बहुत फल मिलता है। इस तरह वहां पर सोने का दान करने से और कन्या दान से परम पद प्राप्त होता है। यहां पर गौ दान करने से मनुष्य मुक्त हो जाता है। आश्वयुक शुक्ल पक्ष की सप्तमी तिथि में रविवार के दिन ताप विनाशक तीर्थ में स्नान करने पर सब प्रकार के पापों से छुटकारा मिल जाता है। इसके बाद पुष्करिणी तीर्थ में स्नान करने पर मुक्ति की प्राप्ति होती है। यहां पर वही व्यक्ति स्नान कर पाता है जो अनेक जन्मों में पुण्यों को अर्जित कर चुका हो।

पूर्णमासी के दिन विद्य गंगा तीर्थ का महत्त्व बढ़ जाता है। इस दिन इस तीर्थ में स्नान करने पर बहुत बड़ा फल मिलता है। गंगा में विशेष रूप से पांडु में सब तीर्थ का सम्मेलन होता है और यहां पर गौ का दान बहुत महत्त्वपूर्ण माना जाता है। आश्वयुक शुक्ल में सप्तमी तिथि में और रविवार के दिन जब रवि उत्तरायण होता है तो इन तीर्थों में विशेष रूप से पाप विनाशन तीर्थ से स्नान करने से पुण्य मिलता है। धनुर्मास में शुक्ल पक्ष, द्वादशी तिथि और सूर्योदय के समय पुष्करिणी तीर्थ में स्नान करने से परम पुण्य प्राप्त होता है। शालिग्राम की शिला का दान अधिक महत्त्व देता है और इस तरह जो भक्त इन तीर्थों में आकर भगवान् विष्णु की सप्त कथा को सुनता है और भक्ति में डूबा रहता है वह हमेशा सद्गति को प्राप्त होता है।

प्रत्येक भक्त के पास दो ही तो मोती हैं—भगवान् के नाम का स्मरण और पुराणों का सुनना। यह कार्य करता हुआ भक्त अजर और अमर हो जाता है। बालक, युवा, दरिद्र सभी परमात्मा का गुणगान करते हुए और

पुराणों को सुनते हुए उच्च बुद्धि को प्राप्त होते हैं।

पुराणकथा का वाचन सुन्दर गांव, अपने मित्रों के साथ कोई अच्छा-सा स्थल, कोई नदी का किनारा हो तो मनोयोग से करना चाहिए। इससे श्रोता और कहने वाले में भक्ति का भाव पैदा होता है। पुराण सुनते हुए पवित्र रहना चाहिए और चुप रहना चाहिए। जो लोग बिना भक्ति की भावना के पुराण कथा को सुनते हैं उन्हें कोई फल नहीं मिलता, अपितु दुःख मिलता है।

पौराणिक कथा के सुनाते हुए विघ्न उपस्थित करने वाला व्यक्ति नरक में जाता है और जो सुनते तो नहीं लेकिन पुराणकथा सुनने का समर्थन करते हैं वे शाश्वत पद को प्राप्त होते हैं और जो इस पौराणिक कथा का श्रवण कराते हैं वे सैकड़ों कल्पों तक उत्तम योनियों में जन्म लेते हैं।

मुनि वृंद ने कहा कि हे भगवान्, आपने अभी पुरुषोत्तम नाम वाले परम सुन्दर और महान् क्षेत्र के विषय में बताया कि जिस क्षेत्र में भगवान् नारायण अपनी मानव लीला में लड़की की मूर्ति धारण कर विराजमान हैं और जिनके दर्शन मात्र से मुक्ति मिल जाती है उस पुण्य क्षेत्र के विषय में जरा विस्तार से बताइए। यह सुनकर जैमिनि मुनि ने कहा कि यह पुरुष दिव्य ज्योति से संपन्न भगवान् स्वयं विराजमान हैं और यहां वह परम पुरुष क्यों इस प्रकार विराजमान है मैं यह भी तुम्हें बताता हूं। यह कहकर महर्षि बोले कि इस सारे प्रसंग में एक रहस्य भी छिपा हुआ है और जो वैष्णव नहीं है वे इस प्रसंग को नहीं सुनना चाहते। किन्तु यह क्षेत्र ऐसा है कि यहां पर जो भी आता है उसे भगवान् की भक्ति मिलती है। यह कथा भगवान् शंभु से सुनकर स्कन्द ने कही थी।

यह क्षेत्र ऐसा है कि इनमें अनेक मुनि और सर्वश्रेष्ठ रूप से पुरुष रूप धारण करके वपुष्मान रहते हैं और उन्होंने इसलिए इस क्षेत्र को अपनी नाम से प्रचारित किया। इस क्षेत्र में जो भी आता है या जो रहता है वह निष्पाप होता है। यह क्षेत्र 10 योजन के विस्तार में है और यह तीर्थराज पुष्कर के जल से उभरा है और इस क्षेत्र में रेत भी मिलता है। इसके मध्य में महान् नीलांचल है। बहुत दूर से ही ऐसा लगता है कि पृथ्वी देवी का एक स्तन उभरा हो। पहले वराह का रूप धारण करके

भगवान् ने वसुन्धरा का उद्धार किया था और पर्वतों सहित पृथ्वी को स्थिर किया और सभी नदियां समुद्र तथा अन्य क्षेत्र बनाये। इस तरह हे प्रभु आपने पृथ्वी को सद्‌गति दी।

एक बार सृष्टि के भार से पीड़ित होकर ब्रह्मा ने विचार किया कि मैं अपना कार्य कैसे प्रारम्भ करूं। ब्रह्मा बहुत चिंतित थे कि अचानक उनके मन में एक बात आई कि भगवान् विष्णु मेरी आपत्ति को दूर कर सकते हैं। तब ब्रह्माजी ने भगवान् विष्णु का स्तवन किया, उनके गुणों का वर्णन करते हुए उन्होंने प्रार्थना की कि मैंने यह सृष्टि बना दी अब आप इसका पालन कीजिए क्योंकि आपकी माया से ही यह सारा जगत् स्थित हैं। आप ही आधार और आधेय हैं। आपकी ही प्रेरणा से मनुष्य सब प्रकार के कर्म करते हैं। हे परमेश्वर इस संसार की गति आप ही हैं। आप समस्त जीवों का कृपा करने वाले हैं।

जब ब्रह्माजी ने भगवान् विष्णुजी की उपासना की तो वे वहां उनके पास उपस्थित हो गये। और भगवान् ने कहा कि आप जिस लिए मेरा स्तवन कर रहे हैं वह कार्य आसान नहीं है। किन्तु फिर भी यदि आप जानना चाहते हैं तो मैं बताता हूं कि इस सागर की उत्तर दिशा में महानदी के दक्षिण भाग में वह प्रदेश विद्यमान है जहां समस्त तीर्थों का पुण्य फल मिलता है। इसके बाद दक्षिण सागर के तट पर श्रेष्ठतम पावन स्थल हैं। पृथ्वी में परम गोपित स्थान नील पर्वत है। मैं सब प्रकार के संघ से दूर होकर वहां स्थित रहता हूं। मैं क्षर और अक्षर की अतिक्रमण करते हुए पुरुषोत्तम रूप में वर्तमान रहता हूं। सृष्टि और लय से पूर्ण यह मेरा क्षेत्र है। जिस तरह से मैं यहां पर चक्र आदि से युक्त दिखाई देता हूं उसी तरह से आप मुझे वहां देखेंगे। हे महाभाग आप रोहिणी नाम के स्थान पर चले जाइए और वहां मेरा इसी प्रकार दर्शन कीजिए तो आपको अभीष्ट प्राप्त होगा। इस प्रकार भगवान् विष्णु ब्रह्मा को उपदेश आदेश देकर वहां से अन्तर्ध्यान हो गये।

नारदजी ने शास्त्र के अनुसार राजा को कहा कि वह उसे स्थान तथा अन्य चीजें दे। राजा ने पद्मनिधि से कहा कि तुम एक स्वर्णमयीशाला का निर्माण करो। ब्रह्माजी के लिए सुंदर घर और उसी तरह ब्रह्मर्षियों के लिए

घर बनाते हुए त्रिलोक में निवास करने वाले नागराजों के लिए भी घर का निर्माण करो। तुम्हारे इस काम में विश्वकर्मा भी सहायता करेंगे। वह मुनि फिर राजा इन्द्रद्युम्न से बोले कि यह कार्य अलग-अलग होना चाहिए। अब तीन रथों का निर्माण कराओ। भगवान् वासुदेव का रथ गरुड़ के चिन्ह से युक्त पताका वाला हो और सुभद्रा के रथ के ऊपर पद्म ध्वज बनाओ और विष्णु का रथ सोलह पहिए वाला होना चाहिए। बलराम का रथ चौदह पहिये का और सुभद्रा के रथ पर 12 पहिये होने चाहिए। चक्रधर का रथ सोलह हाथों के विस्तार वाला हो। इस चराचर विश्व को ध्यान से देखो और फिर यह अनुभव करो कि वह पूर्णतया निर्मल रहता है। शास्त्र के अनुसार अनेक ध्वजों का निर्माण करो, बलभद्र का उत्तम, सीरध्वज बनना चाहिए। हे राजा सबसे पहले श्री हरि के रथ की प्रतिष्ठा करो और फिर उसके बाद मेरे द्वारा उस रथ की प्रतिष्ठा कराओ। मैं थोड़ी देर बाद आ जाता हूं।

विश्वकर्मा ने एक ही दिन में मनोहर पहियों से रथ का निर्माण कर दिया। उस पर अनेक प्रकार के चित्र लगाये और वह सौ घोड़ों से युक्त था। सुन्दर तिथि में नारदजी ने रथ की प्रतिष्ठा की और उन्होंने कहा कि हे जैमिनी, यह रथ कैसे प्रतिष्ठित करें ? जैमिनी ने बताया कि जिस तरह नारदजी ने रथ की प्रतिष्ठा की थी उसी तरह आप भी कीजिए। उस रथ के पूर्व दिशा भाग में एक सुंदरशाला का निर्माण किया गया था और मध्य भाग मंडप की रचना की गई थी। मंडप के नीचे एक चौकोर वेदी बनाई थी। वह एक हाथ ऊंची थी। प्रतिष्ठा से एक दिन पूर्व शुभ मुहूर्त में स्वस्तिवाचन करके अंकुर अर्पण किए गए थे। तुम भी इसी प्रकार करो। इसके बाद प्रातःकाल उस वेदी के मध्य भाग में पद्म स्वस्तिक और कुम्भ आदि स्थापित करने चाहिए। इन पुरुषों को चाहिए कि गंगा के पवित्र जल के पत्ते और मिट्टी से गण की स्थापना करके आचार्य को पूर्व की ओर बिठाकर स्वयं स्थित होना चाहिए और फिर सुन्दर माला पहनकर हल एवं पत्तों से युक्त देवेश नृसिंह को प्रतिष्ठित करें। फिर अनेक प्रकार के मंत्रों से उसमें श्री हरि का आह्वान करें।

यहां पर गुरु का कर्त्तव्य है कि 108 बार विधि सहित हवन करें और

फिर रथ के संपूर्ण अंगों को चंदन के जल से सींचे। फिर नृसिंह के ध्वज में वायु को प्रतिष्ठित करके विधिपूर्वक पूजन करें। भगवान् श्री हरि प्राणों के कारण भूत हैं और उन्हीं का ही चिन्तन करना चाहिए और यह कहना चाहिए कि मैं स्वर्ण के समान वर्ण वाले स्वामी की वन्दना करता हूं। इसके बाद ब्रह्म कोशों से शंखों की ध्वनियों से और अनेक सुन्दर वाद्यों के संगीत के साथ रथ के ऊपर ध्वजा की प्रतिष्ठा करें। फिर पूर्णाहुति देकर ब्राह्मण को दक्षिण दे। 12 अक्षरों वाले मन्त्र से पूजन कराये।

रथ को प्रतिष्ठित करके अनेक मंगल घोषों से और फूलों की वर्षा से क्षत्रिय वैश्यों द्वारा उस रथ को प्रतिष्ठा के स्थान पर ले जाये। अच्छे लक्षण वाले घोड़े उसमें जुते हुए हों और विष्णु के परम भक्त उस रथ को ले जाएं।

हे ब्राह्मणों, रथ की इस स्थापना से सभी दैत्य और भूतगण तृप्त हो जाए। इसके बाद देव को समतल भूमि में लाया जाये और फिर धीरे-धीरे भगवान् चक्री के रथ को आगे ले जाया जाये। रथ के संदर्भ में कुछ संकट और विघ्न भी होते हैं। ईशा के भंग हो जाने पर ब्राह्मणों को, यज्ञ के भंग हो जाने पर क्षत्रियों को, तुला के भंग हो जाने पर वैश्यों को और शमी के भंग हो जाने पर शूद्रों को भय होता है। यदि कोई रथ की धुरी टूट जाये तो अनावृष्टि होती है और उसके पृष्ठ भाग के भंग होने पर प्रजा को भय होता है और जब ध्वजा का पतन हो तो राजा का परिवर्तन होता है। इस प्रकार से अनेक अपशकुन जनपद का विनाश करते हैं। जब ऐसा हो तो शान्ति यज्ञ करना चाहिए। घी, शहद से हवन करते हुए राजा और ब्राह्मण के मंगल की कामना करनी चाहिए। सभी देवताओं से प्रार्थना करते हुए देवेश्वर शिव की आराधना करनी चाहिए।

महर्षि जैमनी ने कहा कि इसके आगे मैं महादेवी के महोत्सव के विषय में बताता हूं। बैशाख महीने के शुक्ल पक्ष में तृतीया के दिन भक्ति भावना से पूजा करने पर पाप का नाश होता है। ऐसे अवसर पर राजा या भक्त को चाहिए कि महोत्सव के लिए आचार्य का वरण करे और तीन तक्षाओं का भी। इसके बाद इन्हें वस्त्र आदि दे फिर यज्ञ करे और पेड़ों की जड़ में जल विसर्जन करें। आचार्य को चाहिए कि वह भगवान्

गरुड़ध्वज का चिंतन करता हुआ अपना कार्य प्रारंभ करें। चारों और गीत मंगल हों और फिर सुन्दर स्थान पर रथ की स्थापना करें। इस स्थापना के बाद उत्सव प्रारंभ करना चाहिए। यह रथ सोलह अराओं वाला होता है और सोलह चक्रों सहित युक्त होता है। इसकी ऊंचाई 32 हाथ होती है और इसके ऊपर ध्वजा फहराती रहती है।

रथ तैयार हो जाए तो उसमें शुक्ल पक्ष में आषाढ़ के महीने में भगवान् विष्णु की प्रतिष्ठा करनी चाहिए और यह देखना चाहिए कि उस स्थल पर कोई अशुभ तत्त्व न आ जाए। फिर सुन्दर वेदी पर बैठकर उसके आस-पास के स्थानों की रचना करनी चाहिए। फिर चारों दिशाओं में फैलने वाली धूप जलानी चाहिए और चंदन के जल से वेदी को धोना चाहिए। उस उत्सव के अवसर पर सुन्दर गीत गाने वाले तथा अनेक नर्तकियां भी उपस्थित रहनी चाहिए और मृदंग, पणव, भेरी आदि वाद्य बजने चाहिए। चारों तरफ सोने और चांदी से बनी हुई ध्वजाएं होनी चाहिए। इस प्रकार राजा को प्रसन्नता और भक्ति से परिपूर्ण होकर रथ यात्रा महोत्सव करना चाहिए और ब्राह्मण तथा तपस्वियों को उचित मात्रा में दान देना चाहिए।

इसके आगे जैमिन ऋषि ने कहा कि अब मैं प्रभु के शयन उत्सव का वर्णन करूंगा। यह उत्सव आषाढ़ की अवधि से प्रारंभ होकर कार्तिक तक होता है यही भगवान् विष्णु की आराधना का परम सुन्दर अवसर होता है। इस समय नियम और व्रतों से परिपूर्ण मनुष्य यदि काशी में निवास करके भक्ति करता है तब उसे पुण्य मिलता है और यही स्थिति पुरुषोत्तम क्षेत्र के निवास में होती है। चातुर्मास में भगवान् की भक्ति का फल होता है। समुद्र के जल में स्नान करके पुरुषोत्तम प्रभु के दर्शन करके और पुरुषोत्तम क्षेत्र में निवास करते हुए भक्ति मुक्ति प्राप्त करता है। इसलिए भक्त को चाहिए कि श्रौत और स्मार्त साधनों को छोड़कर पुरुषोत्तम क्षेत्र में रहकर भगवान् की भक्ति करें। क्योंकि चातुर्मास में शेष की शैया के अतिरिक्त प्रभु केवल पुरुषोत्तम क्षेत्र में ही निवास करते हैं। जो यहां उनके दर्शन कर लेता है वह मुक्ति को प्राप्त होता है।

भक्त को चाहिए कि वह चार मास में भगवान् विष्णु के शयन का

सानिध्य करते हुए पुरुषोत्तम क्षेत्र में निवास करें और फिर आषाढ़ महीने के शुक्ल पक्ष की एकादशी को शयन का महोत्सव मनाए। एक मंडप की रचना करते हुए शयनगार की भी रचना करे। फिर देव के आगे रत्नों से बनी हुई एक शैया रखे। उस पर सुंदर चादर बिछा दे और फिर शैया का प्रवेश-द्वार बहुत सुन्दर रूप से बनाए। इसके बाद भगवान् से प्रार्थना करें कि हे प्रभु, आप इस शयनागार में आएं और सुखपूर्वक शयन करें। इसके बाद पुरुषोत्तम प्रभु को भक्त वहां सुलाए। जहां भगवान् सो रहे हों उसके द्वार बहुत मजबूती से बंद कर दिए जाएं।

जो भक्त ऐसा करता है वह भक्ति को प्राप्त होता है और मुक्ति मिलती है। इसके साथ अनेक नियम और व्रत का पालन भी होना चाहिए। इन चार महीनों के लिए मनुष्य को खाट या कोई और पलंग त्यागकर धरती पर सोना चाहिए और ऋतुकाल के अतिरिक्त पत्नी से भी दूर रहना चाहिए। कार्तिक मास में इस तरह व्रत करके केवल प्रभु को ही मन में धारण करते हुए उनके विभिन्न रूपों का स्मरण करना चाहिए। भोजन के रूप में भगवान् को चढ़ाए हुए भोग का अंश ही खाना चाहिए। इस तरह आषाढ़ के महीने की एकादशी से लेकर कार्तिक महीने की एकादशी तक तप करते हुए केवल एक समय भोजन करना चाहिए।

इस संसार की सृष्टि और स्थिति और उसका पालन करने वाली शक्ति भगवान् विष्णु हैं। यह वैष्णवी शक्ति ही पूज्य है। मनुष्य को चाहिए कि भगवान् के प्रसाद का ही सेवन करें। क्योंकि सुंदर पके हुए अन्न को भगवान् को चढ़ाकर उपासना करने के बाद खाए हुए उस अन्न में कोई दोष नहीं होता। ऐसा अन्न जो भगवान् को चढ़ा दिया जाता है निर्माल्य होता है। यह दुष्टों के द्वारा छुआ जाने पर भी अपवित्र नहीं होता और व्रत की स्थिति में कोई भी व्यक्ति उस अन्न को खाकर पवित्र हो जाता है।

भगवान् का निर्माल्य प्राप्त करने से दरिद्र, कंजूस, गृहस्थी या संन्यासी पवित्र हो जाते हैं। इसीलिए इस क्षेत्र में उनका आना जाना लगा रहता है। भववान् के निर्माल्य के लिए किसी भी प्रकार की जाति का न कोई अभिमान होता है और न बंधन। इस पुरुषोत्तम क्षेत्र में भगवान् विशेष कृपा रखते हैं। उनका निर्माल्य खाकर सब रोग भी दूर हो जाते हैं। लेकिन

जिनको यहां पर प्रभु दंड देते हैं वे नरकगामी होते हैं। ऐसे लोग वे होते हैं जो भगवान् के भोग को खरीदते हैं या बेचते हैं।

भगवान् का प्रसाद बहुत देर से रखा हुआ और बहुत दूर-दूर से लाया जाता है। इसमें कभी अशुद्धि नहीं होती और जो कोई भक्त इसे खा लेता है उसे गंगाजल के समान ही पुण्य मिलता है।

हे ऋषि मुनियो! काठ के स्वरूप में साक्षात् ब्रह्म यहां पर दर्शन देते हैं। जैसा प्रकाश यहां पर होता है वैसा और कहीं नहीं होता। यह भगवान् का पुरुषोत्तम क्षेत्र शक्ति से परिपूर्ण है और यहां भक्त उन्हीं के गुणगान करता है। विप्रगणों, यह एक अद्भुत बात है कि मुक्ति प्रदान करने वाला जो महत्त्वपूर्ण कारण होता है उसे अल्प बुद्धि वाले व्यक्ति विश्वास नहीं करते। चारों वेदों में और चारों युगों में यह बात प्रचलित है। भगवान् की भक्ति की महिमा इस कलियुग में नहीं जानी जाती। हमारा जो तीन पैरों वाला धर्म है उसका नाश हो जाता है किन्तु धर्म के तीन पाद होते ही नहीं उनके तो एक पाद होता है। कलियुग में लोग मिथ्यावाचन करते हैं और अहंकार से भरे रहते हैं। इस युग में प्रायः लोग धर्म से विमुख होते हैं। तप और धर्म का उनंके जीवन में कोई आधार नहीं होता।

अधिकांश लोग अधर्म करने वाले होते हैं। वे हिंसक, लालची और दूसरों की निन्दा करने वाले होकर केवल अपने में लीन रहते हैं। यहां तक कि खेल-खेल में ही दूसरों का नुकसान कर देते हैं। अपने छोटे-से-छोटे कार्य की सिद्धि के लिए दूसरों के बड़े कार्य में बाधा डालते हैं। अपने घर में धर्म विधि से प्राप्त स्त्री का अपमान करके परस्त्री में अनुरक्त रहते हैं। कलियुग में राजा भी अपनी प्रजा के सुख साधनों की चिंता करता। जहां देखो वहां राजा कर वसूलने में लगें रहते हैं और जनता की चिंता नहीं करते। कलियुग में भक्ति की प्रतिष्ठा नहीं होती।

लेकिन यह जानना चाहिए कि दान का धर्म परमधर्म है और जो मनुष्य मन, वचन, कर्म से दान करता है वह पुण्य को प्राप्त होता है। जिस पुरुष से ब्राह्मण संतुष्ट होते हैं उससे भगवान् भी प्रसन्न रहते हैं। ब्राह्मण के मुंह से भगवान् ही बोलते हैं और इन्हीं का हित संपादन करने के लिए भगवान् बार-बार अवतार लेते हैं। दुष्टों का नाश करते हैं। ब्रह्माजी ने

सबसे पहले ब्राह्मणों की रचना की इसलिए कलियुग में ब्राह्मण साक्षात् भगवान् विष्णु के अवतार माने जाने चाहिएं। शालिग्राम क्षेत्र में हरि का स्मरण करने और कीर्तन करने से पुण्य मिलता है। कलियुग में बहुत सारे पापों का नाश करने के लिए भगवान् अपने दर्शन देते हैं और पापी मनुष्य भी अपने पापों का समाहार कर लेते हैं। अपनी आत्मा को भगवान् के ध्यान में लगाने वाला मनुष्य कभी पापी नहीं होता।

शौनकजी ने कहा–हे सूतजी! आप सब धर्मों के ज्ञाता और श्रेष्ठ हैं। आप यह बताइए कि इस कलियुग में मनुष्य धर्म से रहित होकर शास्त्रों के ज्ञान से हीन रहता है। भगवान् की भक्ति नहीं करता। ऐसा मनुष्य इस प्रकार कैसे उद्धार को प्राप्त होगा? आप यह बताइए कि तीर्थों में उत्तम तीर्थ कौन-सा है और वहां का कौन-सी सिद्धि प्राप्त होती है? भगवान् की कृपा का घर कौन-सा है?

सूतजी ने कहा–भगवान् कृष्ण मेरे मन में विराजमान हैं और आपके मन में भी वही प्रतिष्ठित हैं। इसीलिए हम लोगों का संगम हुआ है। इस संसार में सत्पुरुषों का संगम कठिनता से होता है। यह पूर्व बंधनों के कारण ही होता है। यह प्रश्न कैलाश पर्वत पर स्वामी स्कन्द ने भगवान् शिव से पूछा था। स्कन्दजी ने कहा कि हे भगवान् आप सब लोकों की रचना करने वाले हैं और आप पिता और गुरु भी हैं। आप बताइए कि पुण्यतम क्षेत्र कौन-सा है? कार्तिकेयजी का प्रश्न सुनकर महादेवजी ने कहा कि हे स्कंद! परमार्थ में रुचि रखने वाले प्राणियों के लिए अनेक क्षेत्र हैं। इनमें कुछ ऐसे हैं जिनमें जन्म-मरण के बंधन से छुटकारा मिल जाता है और वे क्षेत्र नदी के किनारे स्थित हैं–गंगा, गोदावरी, कावेरी, गोमती, सरयू, वेत्रवती, सिंधु, अत्री, महेन्द्रजा आदि नदियां बहुत पुण्यमयी हैं और यह संसार से मुक्ति दिलाने वाली हैं। क्षेत्रों में अयोध्या, द्वारिका, काशी मथुरा, पुष्कर, कुरुक्षेत्र कांची क्षेत्र हैं।

जो व्यक्ति अयोध्या का विधिवत् दर्शन करता है उसे बहुत पुण्य मिलता है। श्री हरि के मंदिर में प्रणाम करते हुए जैसे मृत्यु को जीत लेता है। स्वर्ग के द्वार में उसके लिए प्रवेश सरल हो जाता है।

द्वारिकापुरी में साक्षात् श्री हरि निवास करते हैं। जो वहां जाते हैं और

गोमती में स्नान करने के बाद भगवान् के दर्शन करते हैं वे पुरुष मुक्ति को प्राप्त करते हैं। पंच कोशी क्षेत्र में महान फल होता है। देवतागण भी परम तत्त्व को पाने के लिए यहां पर मृत्यु की कामना करते हैं।

काशीपुरी के आस-पास जो व्यक्ति किसी भी बहाने से चला जाता है और विश्वनाजी का दर्शन प्राप्त करता है वह जन्म-मरण के बंधन से मुक्त हो जाता है। यदि उपवासों से अलग रहने वाला व्यक्ति मथुरापुरी में भगवान् के जन्म स्थान को देखता है तो वहां वह पापों से मुक्त हो जाता है।

यमुना के किनारे विश्रान्ति तीर्थ में जहां भगवान् ने कंस को मारा था, वहां मनुष्य स्नान करके तिल आदि का दान करता है तो वह स्वयं पाप मुक्त हो जाता है। अवन्तिकापुरी में महाकमलेश्वर शिव का दर्शन करने से पापमुक्त हो जाता है।

दान देने से दरिद्रता दूर होती है और मेरे इस लोक में परम मुक्ति का आधार मिलता है।

कुरुक्षेत्र में राम तीर्थ में सानिध्य में सूर्य ग्रहण के अवसर पर स्वर्ण दान करने से महान पुण्य की प्राप्ति होती है। हरि के क्षेत्र में हरि का दर्शन करने से संपूर्ण आनंद प्राप्त होता है। कांची में साक्षात् हरि विराजमान रहते हैं। शिवकांची में शिव रहते हैं और यहां पर दोनों में अभेद भाव की भक्ति होती है।

भगवान् जगन्नाथ के दर्शन करके और मार्कंडेय तालाब में नहाकर पुरुष दूसरा जन्म ग्रहण नहीं करता। रोहिणी में समुद्र में स्नान करके भगवान् विष्णु की कृपा से उनका भोग पाकर भक्त बैकुंठ में निवास करता है। वेणी तीर्थ में परम पवित्र होकर भगवान् का दर्शन करने से अभिष्ट सिद्धि मिलती है और माघ के महीने में त्रिवेणी स्नान से उत्तम गति प्राप्त होती है।

भगवान् की बात सुनकर स्कन्दजी बोले कि सुना जाता है कि श्री हरि का बदरिका नाम वाला क्षेत्र अत्यंत दुर्लभ है और परम है। इस क्षेत्र के केवल स्मरण करने से ही भक्त पाप से मुक्त हो जाता है। जिन भक्तों ने अन्य तीर्थों में तप किया है उनका स्वत: ही बदरिका तीर्थ में समाहार हो जाता है। किन्तु बदरिका के समान कोई भी तीर्थ अब तक नहीं हुआ। हजार

अश्वमेध करके और केवल हवा के आहार पर आधारित रहकर जो फल मिलता है वह बदरिका क्षेत्र में एक क्षण मात्र में ही मिल जाता है।

कलियुग में बदरिका आश्रम में की गई भक्ति पुण्यों को देने वाली होती है। कृत युग में मुक्ति और त्रेता में भोगों की सिद्धि और द्वापर युग में विशालता देने का कार्य बदरिकाश्रम की भक्ति करती है। इसलिए यहीं पर अनेक ऋषि एकत्रित होते हैं।

इसके बाद ऋषियों ने सूतजी से पूछा कि अब आप हमें कार्तिक मास के वैभव का वर्णन कीजिए। कलियुग में ऐसा कौन-सा धर्म है जो मोक्ष का साधक हो। इसके उत्तर में सूतजी ने कहा कि एक बार बहुत पहले नारदजी ने ब्रह्माजी से यही पूछा था और सत्यभामा देवी ने भगवान् कृष्ण से भी ऐसी ही प्रार्थना की थी और बालखिल्य ऋषियों की सभा में सूर्य और वरुण के संवाद में भी इसी बात की चर्चा हुई थी।

भगवान् शंकर ने भी इस मास के वैभव का अनेक प्रकार से वर्णन किया एक बार नारदजी ने ब्रह्माजी ने पूछा कि अधिकांश में सूखे और भीगे हुए पाप रूपी लकड़ी को कौन-सी आग जला सकती है। आप सब कुछ जानते हैं। लो यह बताइए कि सब महीनों में उत्तम कौन-सा महीना है ओर जो देवों में उत्तम देव है और जो तीर्थ है उसका वर्णन करने की कृपा कीजिए। नारदजी से यह प्रश्न सुनकर ब्रह्माजी ने कहा कि मासों में कार्तिक मास श्रेष्ठ है, देवताओं में मधुसूदन देव और तीर्थों में नारायण नाम वाला तीर्थ श्रेष्ठ कहा जाता है।

यह सुनकर नारदजी ने वैष्णव धर्म के विषय में जानना चाहा और उसी के अंतर्गत कार्तिक मास का महत्त्व भी पूछा। श्री सूतजी ने ऋषियों को बताया कि नारदजी के ये वचन सुनकर ब्रह्माजी ने पहले तो भगवान् का स्मरण किया और फिर नारदजी को बताना प्रारंभ किया कि हे पुत्र, एक ओर पुष्कर में निवास कुरुक्षेत्र और हिमालय में निवास का पुण्य हो और दूसरी ओर कार्तिक मास के व्रत का पुण्य हो तो कार्तिक मास वाला पुण्य अधिक होता है। कार्तिक मास में जो भी पुण्य किया जाता है वह कभी क्षय नहीं होता। यह तो स्वर्ग का एक सोपान है। जो व्यक्ति कार्तिक मास में बताए हुए नियमों का पालन नहीं करता वह उत्तम फल को प्राप्त नहीं होता।

इस महीने में सभी प्रकार के दिए जाने वाले दान अधिक फल वाले हो जाते हैं और प्रत्येक प्रकार का दान परम तप के फल को देने वाला होता है। इस महीने में दान करने से सारे पापों का नाश हो जाता है और भगवान् विष्णु की कृपा से उनको समर्पण करते हुए जो भी दान दिया जाता है वह अक्षय होता है।

इस महीने में न्याय से उपार्जित द्रव्य दान करने से बहुत लाभ मिलता है। भगवान् वासुदेव का स्मरण करना और फिर उन्हीं को सब कुछ समर्पित कर देना अति उत्तम होता है। इस महीने में प्राणी, संशय और अहम् से मुक्त हो जाता है। यह सुनकर नारदजी ने पूछा कि जो व्यक्ति असमर्थ हो वह कार्तिक में किस प्रकार व्रत करे।

ब्रह्माजी ने कहा कि जो असमर्थ व्यक्ति हो उसे चाहिए कि वह किसी और को धन देकर व्रत कराए और उससे दान और संकल्पपूर्वक व्रत के पुण्य को स्वयं ग्रहण करें। असमर्थ व्यक्ति द्रव्य का दान तो कर सकता है और यदि तीर्थ का जलपान करते हुए वह और कुछ नहीं कर सकता तो प्रसन्नतापूर्वक श्री हरि के नाम को ही याद करना चाहिए। उसे चाहिए कि वह भगवान् विष्णु और शिव के मंदिरों में जागरण करें और यदि आपत्तिकाल हो तो किसी भी देवता के मंदिर में वह उनका ध्यान कर सकता है। किसी पीपल के पेड़ की जड़ में या तुलसी के पौधे के पास शिव या विष्णु की कल्पना करता हुआ उनके नाम का जाप करें। जो मनुष्य एक हजार गौओं के दान से जो फल पाता है वैसा ही फल अशक्त व्यक्ति को मिल जाता है। इसके अतिरिक्त यज्ञ करने वाले को जो फल मिलता है वही फल देवालय के बाहर मृतक को भी प्राप्त होता है।

इसके बाद यह सब कुछ सुनकर नारदजी ने वैशाख महीने में होने वाले धर्मों से विषय में जानना चाहा।

उनके प्रश्न के उत्तर में उन्होंने कहा कि सारे महीनों में वैशाख का महीना श्रेष्ठ है। मुझे अब यह बताइए कि यह महीना विष्णुजी को कैसे प्रिय है और इस माधवप्रिय महीने में भगवान् विष्णु के कौन-कौन से धर्म होते हैं। वहां कौन से दान होते हैं और भगवान् माधव को पूछने के लिए कौन-कौन से द्रव्य होने चाहिए। अम्बरीष के द्वारा पूछे जाने पर नारदजी

ने उसे उत्तम महीने बैशाख का महत्त्व बताया।

संपूर्ण जीवों में जो महत्त्व माता का होता है वही महीनों में वैशाख का। इस महीने में किया हुआ दान, व्रत और स्नान सारे पापों का नाश करने वाला होता है। इस महीने की पूजा देवताओं ने भी की है। जिस प्रकार से नागों में शेषनाग, पक्षियों में गरुड़ और देवों में भगवान् विष्णु, वरणों में ब्राह्मण, धातुओं में सोना, प्रिय व्यक्ति में भार्या, नदियों में गंगा श्रेष्ठ है उसी तरह धर्म के हेतु महीनों में वैशाख की श्रेष्ठता है।

यह महीना विष्णु के प्रेम का प्रतीक है। सूर्य के उदय होने से पूर्व जो व्यक्ति निरंतर स्नान करता है उसे संपूर्ण पुण्य प्राप्त हो जाते हैं और पापों का नाश हो जाता है। वह व्यक्ति अंत में विष्णु लोक को प्राप्त हो जाता है।

जो भक्त वैशाख महीने में स्नान करने के लिए एक कदम भी आगे बढ़ाता है उसे अनेक यज्ञों का फल प्राप्त होता है। अर्थात् मेष राशि पर सूर्य के आने पर स्नान करने के कारण भक्त बंधन से मुक्त हो जाता है।

भगवान् नारायण ने ज्ञान के स्वरूप का निरूपण करते हुए कहा—सांख्य दर्शन के द्वारा जो ज्ञान निश्चित किया जाता है मैं उसके विषय में तुम्हें बताता हूं। इस ज्ञान के परम आधार परब्रह्म वासुदेव हैं। ब्रह्म आदि काल में निर्गुण दिव्य और अद्वितीय था। इस ब्रह्म की यह इच्छा हुई कि वह अन्य तत्त्वों को पैदा करें। इसके बाद महामाया आविर्भूत हुई और उस महामाया के द्वारा करोड़ों पुरुष उत्पन्न हो गये। फिर प्रभु की इच्छा से वे स्त्रियों से युक्त हो गये। फिर उन्होंने उनसे गर्भ धारण किया और फिर सृष्टि का विस्तार हुआ।

आदि में उस पुरुष के वीर्य से हिरण्य उत्पन्न हुआ उससे अहंकार अहंकार से सत्व, रज, तम तीन गुण पैदा हुए। तम से पांच तन्मात्रायें और पांच महाभूत उत्पन्न हुए। रज ने दस इन्द्रियां और बुद्धि के साथ महान् वसु उत्पन्न हुए। ये सब देवता माने गये। भगवान् वासुदेव के द्वारा प्रेरित होकर उनसे अन्य रूपों का विकास हुआ। जल में रहने के कारण भगवान् का नाम नारायण पड़ा। फिर उनके हृदय कमल से ब्रह्म उत्पन्न हुए और सत्व गुण से युक्त विष्णु हुए और ललाट से महादेव की उत्पत्ति हुई। इन्हीं

स्थानों से तीन देवियां पैदा हुईं जिनमें तामसी देवी दुर्गा थी और राजसी सावित्री सात्त्विकी महालक्ष्मी।

ब्रह्मा विष्णु महेश उस महापुरुष से प्राप्त हुए जैसे दुर्गा ने रुद्र को प्राप्त किया और सावित्री ने ब्रह्मा को तथा लक्ष्मी ने विष्णु को। दुर्गा देवी के ही अंश से अन्य देवियां उत्पन्न हुईं। ब्रह्मा में सर्ग करने की बुद्धि बिल्कुल नहीं थी और न उन्हें अपना कुछ ज्ञान था। उन्हें यह भी पता नहीं था कि मैं कौन हूं। लेकिन ऐसा सोचते ही नारायण के नाभि भाग में उत्पन्न कमल नाल ने ब्रह्मा के अर्द्धभाग में प्रवेश किया, ब्रह्मा ने बहुत खोज की पर उन्हें कुछ आधार नहीं मिला। जब ब्रह्मा थक गये तो उन्हें एक आवाज सुनाई दी कि तप करो।

तपस्या में लीन ब्रह्मा ने भगवान् का बैकुंठ धाम देखा, वहां तीनों गुण थे लेकिन माया का भय नहीं था। ब्रह्मा ने ऐसा तेज देखा तो हजारों सूर्यों के समान प्रतिभासित था। उस तेज में ही असित आकृति भगवान् वासुदेव का दर्शन ब्रह्माजी ने किया। वह आकृति चार भुजा, गदा शंख, पद्म चक्र को धारण किये हुए थी। पीताम्बर वस्त्र थे और आभूषणों से सुसज्जित मुकुट था। इसके बाद ब्रह्माजी ने नारायण से वरदान प्राप्त किया कि वह विश्व की सृष्टि करें। उन्होंने कहा कि हे भगवान् आप ऐसी कृपा कीजिए कि मैं प्रजा की सृष्टि करने का ज्ञान पा जाऊं। इस पर भगवान् बोले कि तुम मेरे साथ आत्मा की एकता की समाधि की भावना से प्रजा का सृजन करो। यह कहकर भगवान वहीं अंतर्हित हो गये।

ब्रह्मा ने विसर्ग की शक्ति को प्राप्त करके संसार की रचना प्रारम्भ कर दी। उन्होंने ब्रह्म ज्योति से परिपूर्ण आदित्य के प्रादुर्भाव को जानकर उसको अण्ड के बीच में स्थापित करके मन में ही सृजन कार्य प्रारम्भ कर दिया और सनक आदि चार मुनियों का सृजन किया। ब्रह्माजी ने उन्हें आदेश दिया कि इसके आगे वे सृष्टि का विकास करें। पर उन्होंने ऐसा नहीं किया। फिर उन्होंने अन्य प्रजाओं का सृजन किया जिसमें मरीचि, अत्रि, पुलह, पुलस्त्य, भृगु, क्रतु, वसिष्ठ, कर्दम, अंगिरा और दक्ष दम प्रजापतियों का सृजन किया। फिर उन्होंने हृदय से धर्म का और पीठ के भाग से अधर्म का सृजन किया। मन से काम मुख से वाणी और भृकुटियों

से क्रोध का निर्माण किया। धर्म के–शौच, तप, दया और सत्य चार चरण हुए। ब्रह्मा ने अपने चार मुखों से वेदों की सृष्टि की और उसके बाद इतिहास पुराणों का सृजन किया। उन्होंने मुख से ऋग्वेद, दक्षिण के मुख से यर्जुवेद, पश्चिम मुख वाली दिशा से सामवेद को और उत्तर वाले मुख से अथर्ववेद को प्रकट किया।

इतिहास पुराणों का सृजन करके मुख से ब्राह्मण, मरुदगण आदि की सृष्टि की। बांहों से क्षत्रियों की तथा जांघों से वैश्यों की और चरणों से शूद्रों की उत्पत्ति की। इसके बाद हृदय से ब्रह्मचर्य, जांघों से गृहस्थ, उर स्थल से वानप्रस्थ और सिर से संन्यास सृष्टि की। ब्रह्माजी ने अपने पितृगणों का सृजन किया और जंघा से असुरों की सृष्टि की। अपनी गुदा से मृत्यु, निर्ऋति और नरकों की सृष्टि की।

फिर ब्रह्माजी ने अन्य तत्त्वों का निर्माण किया जिसमें यक्ष, राक्षस, और मनु आदि हैं।

इसके बाद निवास करने के लिए स्वर्लोक, भुवलोक और भूलोक की सृष्टि की। फिर कर्म के विधान से सबकी वृत्ति स्थापित कर दी।

ब्रह्माजी ने देवों के लिए अमृत का सृजन किया और मनुष्यों के लिए अन्न तथा औषधियों की रचना की। यक्ष, राक्षस आदि के लिए मदिरा की सृष्टि की। इस प्रकार उन्होंने विभिन्न सृष्टियां करके दुर्गा से पैदा होने वाली शक्तियों और उनकी उपासना करने वालों के लिए मांस-मदिरा का सृजन किया।

प्रजापतियों के स्वामी ब्रह्माजी ने सारी प्रजाओं से कहा कि देवताओं की पूजा करो, वे आपके सब मनोरथों को पूरा करेंगे। इस प्रकार ब्रह्माजी ने पूजा की विधि का निर्माण किया। फिर उसके बाद मनुओं की प्रतिष्ठा हुई। वासुदेव की इच्छा से ही ब्रह्मा, अन्य कलाओं की रचना करते रहे। शास्त्र, वेद और बाद में अन्य वेदांग उत्पन्न हुए। इन सबसे मर्यादायें बनीं।

भगवान् के अनेक अवतार हो चुके हैं और आगे भी होंगे। ये अवतार गिने नहीं जा सकते। दुष्टों का संहार करने के लिए और साधु पुरुषों की रक्षा के लिए भगवान् का अवतार होता है। जैसे अग्नि और वरुण संपूर्ण लोक में व्याप्त हैं वैसे भगवान् भी हैं। जिस तरह से वायु और तेज के

चिन्ह के बीच आकाश है भी और नहीं भी इसलिए इसी प्रकार भगवान् उपासना करने के योग्य हैं सबमें व्यापक हैं सबके नियन्ता हैं और प्रलय के अवसर पर भी वैसे ही रहते हैं।

हे नारद! यह जानने योग्य है कि स्वतंत्र सर्वज्ञ माया स्वामी एक ही परम ब्रह्मा, विष्णु और शिव तीन रूप होते हैं और ये तीनों गुणों से युक्त होते हैं। इन गुणों के अनुसार उनकी क्रियायें होती हैं। हे नारद जीवों और ईश्वरों के शरीर क्षेत्र कहलाते हैं और आत्मा क्षेत्रज। क्षेत्रों और क्षेत्रजों का ज्ञान ही वास्तविक ज्ञान है।

भगवान् नारद से नारायण ने कहा कि अब मैं आपको वैराग्य का लक्षण बताता हूं। वैराग्य का मूल रूप है नष्ट होने वाली वस्तुओं में आसक्ति का न होना। क्योंकि माया पुरुष से आरंभ की सभी आकृतियां काल शक्ति के द्वारा नष्ट कर दी जाती हैं। प्रत्यक्ष अनुमान और शब्द प्रमाण से बुद्धिमानों के द्वारा असत्य रूप वाली आकृतियां निश्चित कर ली गई हैं। यह काल नित्य प्रलय, नैमित्तक प्रलय, प्राकृतिक रूप से और आत्यंतिक रूप से माना गया है। देह को धारण करने वालों में क्षीणता बढ़ना या वात्सल्य, तरुणाई और बुढ़ापा सब क्रम से आता हुआ दिखाई देता है।

लेकिन काल से परे आत्मा होने के कारण दिखाई नहीं देता। जाग्रत अवस्था में कष्ट होता है और इसकी तीन अवस्थायें होती हैं।

देह धारियों के लिए आध्यात्मिक, आधिभौतिक और आधिदैविक दुःख होते हैं। पत्नी, पिता, पुत्र सबके विषय में सोचकर मनुष्य केवल दुःख पाता है कोई सोचता है कि मेरी फसल नष्ट हो गई। कोई सोचता है मेरी गाय चुरा ली, किसी को राजा से दण्डित होने का दुःख है, किसी को पत्नी को बलात् लिये जाने का दुःख। इस प्रकार संसार में देह को धारण करने वाले प्राणी दुःखी रहते हैं।

मनुष्य अपनी अवस्था के कारण अनेक प्रकार के दुःखों का भोग करता है। कई बार मरकर भी छुटकारा नहीं मिलता क्योंकि नरक में यातनायें प्राप्त होती हैं और अपने कर्मों के अनुसार ही मनुष्य बार-बार जन्म ग्रहण करके मृत्यु को प्राप्त होता है।

इस प्रलय का ज्ञान प्राप्त कर लेना चाहिए। सृष्टि-रचना के लिए

रात्रि को निमित्त बनाकर जो होता है वह नैमित्तिक प्रलय कहा जाता है। हे मुनि, सत्तयुग, त्रेता, द्वापर और कलियुग की जब एक सहस्त्र संख्या पूर्ण हो जाती है तो वह ब्रह्मा का एक दिन होता है। उसकी रात भी उतनी ही होती है। उन दोनों को मिलाकर एक कल्प कहा जाता है। इनमें धर्म हेतु चौदह-चौदह मनुगण होते हैं।

सभी मनु गणों में स्वाभुव मनु और फिर इसके बाद अनेक मनु होते हैं। इनके नाम हैं—स्वारोचिष, उत्तम, तामस, रैवत, चाक्षुष, श्राद्धदेव, सावर्णि, मौत्य, रोच्य, ब्रह्म सावर्णि, रुद्र सावर्णि, मेरु सावर्णि और दक्ष सावर्णि। ये चौदह मनु ब्रह्मा के एक दिन में अपना कलाक्रम पूरा करते हैं। हे मुनि, चौदह मनुओं के अंत में विश्व की सर्जक की संध्या होती है, सबके आदि में अनावृष्टि होती है और फिर वह अनावृष्टि अधिक देर तक रहती है। जिससे अल्प तत्त्व नष्ट हो जाते हैं। उसके बाद सूर्य की किरणों द्वारा पाताल तक का रस धरती में समाविष्ट कर दिया जाता और सारा जल समाप्त हो जाता है। यह सारी भूमि स्नेह रहित हो जाती है जिससे सभी प्राणी नष्ट हो जाते हैं। यह पृथ्वी कछुवे की पीठ की तरह दिखाई देती है। शेष के मुख से काल अग्नि रूपी रुद्र उत्पन्न होते हैं और वह सबको दग्ध कर देते हैं। देवगण अपने अधिकार छिन जाने से निवृत्ति मूलक हो जाते हैं। इसके बाद इस भूतल से ऋषि लोग चले जाते हैं।

ब्रह्म खण्ड

सूतजी का स्वागत करते हुए ऋषि-मुनियों ने उनसे कहा कि आपने अनेक स्थान और तीर्थों का वर्णन किया है। कृपा करके कुछ अन्य महत्त्वपूर्ण तीर्थों का वर्णन भी कीजिए और यह भी बताइए कि इस भवसागर से कैसे मुक्ति पाई जा सकती है और ऐसा कौन-सा साधन है जिससे मनुष्य के मन में भगवान् के प्रति भक्ति पैदा हो?

सूतजी ने प्रश्न के उत्तर में कहा कि इसके पहले भी इस तरह के प्रश्न पूछे हैं, मैं उन्हीं को फिर से तुम्हारे सामने वर्णित कर देता हूं। रामेश्वर नाम का एक परम तीर्थ है और वहां श्रीराम का सेतु बना हुआ है। यह सेतु ऐसा है जिसके दर्शन मात्र से संसार रूपी सागर से मुक्ति मिल जाती है। इसके दर्शन से तीनों प्रकार के कर्मों की सिद्धि प्राप्त हो जाती है। जो व्यक्ति माता और पिता के कुल को तारना चाहता है वह इस सेतु को भक्ति भाव से देखता है। किन्तु इसका महत्त्व इससे भी अधिक है। यह स्वयं देवता स्वरूप वाला है। इसके दर्शन करने से जो पुण्य प्राप्त होते हैं वे गिने नहीं जा सकते। जिन्होंने इस सेतु का दर्शन कर लिया है उन्होंने जैसे अनेक यज्ञों, तीर्थों का एक फल पा लिया है। सेतु श्री रामेश्वर में स्थित शिवलिंग का दर्शन करने से पाप दूर हो जाते हैं। इस सेतु के समीप स्नान करने वाला व्यक्ति साक्षात् भगवान् को पा लेता है।

इस सेतुबंध का क्षेत्र मन को शुद्ध करने वाला है इसमें स्नान करने से जप-होम-दान-तपस्या और योग का समन्वय हो जाता है। अनेक प्रकार के पाप नष्ट हो जाते हैं और व्यक्ति अपनी जिस कामना से इस सेतु में स्नान करता है वह सारी कामनाओं को पूरा कर लेता है।

इसके बाद सूतजी ने कहा कि ब्रह्म कुण्ड बहुत पुण्यों को देने वाला है। मनुष्य को चाहिए कि वह अपनी इन्द्रियों को जीतकर ब्रह्म कुण्ड की ओर गमन करे। सेतु के मध्य गंदमादन पर्वत पर ब्रह्म कुण्ड विद्यमान है।

इसके दर्शन से हत्या का पाप भी धुल जाता है। जो मनुष्य ब्रह्म कुण्ड का अवलोकन कर लेता है उसे किसी और तीर्थ में जाने की आवश्यकता नहीं होगी। ब्रह्म कुण्ड में एक बार के स्नान करने से बैकुण्ठ की प्राप्ति हो जाती है। जो व्यक्ति ब्रह्म कुण्ड में उत्पन्न भस्म को धारण करता है तीनों देवता उसके अधीन हो जाते हैं। वह मुक्ति को प्राप्त कर लेता है। जिसने ब्रह्म कुण्ड में स्नान नहीं किया उसने मानो कभी सुख नहीं पाया और जो इस ब्रह्म कुण्ड की बुराई करता है वह तो पाप का भागी बनता ही है। विद्वान पुरुष को यह सहज ही जान लेना चाहिए कि ब्रह्म कुण्ड की भस्म इस संसार को पवित्र करने वाली है।

ब्रह्म कुण्ड की भस्म धारण न करने वाला वर्णसंकर के समान दोषी होता है और जो ब्राह्मण इस कुण्ड की भस्म का दान करता है उसे समझना चाहिए जैसे उसने सम्पूर्ण पृथ्वी दान में दे दी हो।

सूतजी ने आगे कहा कि मनुष्य को चाहिए कि वह इस तीर्थ में स्नान करने के बाद लक्ष्मी तीर्थ में जाए क्योंकि तीर्थ में कामनाओं की पूर्ति होती है और दरिद्रता का नाश होता है। लक्ष्मी तीर्थ में स्नान करने वाले मनुष्य को समृद्धि प्राप्त होती है। धर्मपुत्र ने यहां स्नान किया था तो वह ऐश्वर्य से युक्त हो गया था। पहले वह भगवान् कृष्ण से प्रेरणा पाकर इन्द्रप्रस्थ में रहता था लेकिन बाद में उसने इस तीर्थ में स्नान किया। इसी तीर्थ में बनवास में रहते हुए पांच पांडवों ने भी स्नान किया था। इसी तीर्थ में श्रीकृष्ण भी इनसे मिले। जब पाण्डव श्रीकृष्ण से मिले तो उन्हें अपने साथ ले गये और फिर बहुत समय तक साथ-साथ रहे। युधिष्ठिर ने भगवान् कृष्ण से कहा था कि आप धर्म के वास्तविक रूप को बताइए जो मनुष्य को ऐश्वर्य प्राप्त करता हो। तब भगवान् कृष्ण ने युधिष्ठिर को लक्ष्मी तीर्थ में स्नान करने के लिए कहा था और इसके बाद ही उनका धन-धान्य और समृद्धि बढ़ गई थी। निश्चय ही वह तीर्थ मनवांछित फल देने वाला है।

इस तीर्थ में नहाने के कारण ही देवों ने बहुत शक्ति वाले असुरों को परास्त कर दिया था। यहां स्नान करने वाले मनुष्यों को लक्ष्मी और धर्म दोनों प्राप्त होते हैं और व्याधियां नष्ट हो जाती हैं। इसी तीर्थ में स्नान करने

के कारण नल कुबेर ने अप्सराओं में परम श्रेष्ठ रम्भा को प्राप्त किया था और यहां स्नान करते ही कुबेर महापद्म होकर सम्पूर्ण निधियों का नायक हो गया। अतः हे राजन्, तुम इस तीर्थ में स्नान करो।

श्रीकृष्ण के द्वारा यह सुनकर युधिष्ठिर अपने भाइयों को लेकर गंदमादन के लिए चले पड़े और वहां इस तीर्थ में स्नान किया। फिर उन्होंने वहां अनेक ब्राह्मणों को सोना आदि दान देकर प्रसन्न किया। भूमि और तिल का भी दान दिया। फिर उसके बाद वे इन्द्रप्रस्थ आ गये।

राजसूय यज्ञ की इच्छा के समय युधिष्ठिर ने फिर श्रीकृष्ण को याद किया तब भगवान् श्रीकृष्ण अपने तेज रथ पर चढ़कर वहां आये। सत्यभामा उनके साथ थी। उन दोनों को साथ-साथ देखकर युधिष्ठिर बहुत प्रसन्न हुए और उन्होंने अपने यज्ञ के विषय में कहा। भगवान् श्रीकृष्ण ने उन्हें आज्ञा दे दी और कहा कि आप इस दुष्कर यज्ञ को करने की कामना रखते हैं। किन्तु यह यज्ञ बड़े प्रतापी राजा द्वारा किया जा सकता है। आप अपने प्रताप की प्रतिष्ठा के लिए दसों दिशाओं में विजय यात्रा कीजिए। लेकिन यज्ञ से पूर्व सबको जीतना बहुत आवश्यक है। यह राजसूय यज्ञ भी सफल होगा। आप अपने चारों भाइयों सहित चारों दिशाओं में जाइए। राजा के कहने पर चारों भाई चारों दिशाओं में चले गए फिर राजाओं को जीतकर उन्हें वश में करके छोड़ दिया। उनसे बहुत सा द्रव्य लिया और वापस अपने नगर में लौट आए। सतभार स्वर्ण लेकर भीम आए फिर सहस्त्रभार सोना लेकर अर्जुन आए। नकुल एक सौ भार सुवर्ण लेकर वापस आए और सहदेव भी बहुत सारा धन संचय करके वापस आए। भगवान् श्रीकृष्ण ने भी बहुत सारा धन दिया।

इस प्रकार सबने धन प्राप्त करके युधिष्ठिर ने राजसूय यज्ञ किया और इस यज्ञ में फिर उन्होंने ब्राह्मणों को बहुत दान दिया। इस पर भी जो वहां पर मांगने वाले थे वह कहते हुए पाए गए कि राजा ने अपना सब कुछ दान कर दिया।

युधिष्ठिर इन्द्रप्रस्थ में जिस प्रकार राज्य कर रहे थे उस गौरव का सारा कारण इस तीर्थ का माहात्म्य ही था। इस प्रकार यह तीर्थ मोक्ष को देने वाला और समृद्ध करने वाला वाला है। यह महामहिमा का तीर्थ है

ऐसा न कभी हुआ और न कभी होगा। इस तरह हे ब्राह्मणों, मैंने आपके सामने इस तीर्थ का वर्णन कर दिया। अब मैं गायत्री सरस्वती तीर्थ का वर्णन करता हूं। यह तीर्थ भी पापों को नाश करने वाला है। गायत्री और सरस्वती तीर्थ में जो मनुष्य स्नान करते हैं वे आवागमन से मुक्त हो जाते हैं। ये तीर्थ गंधमादन पर्वत पर ब्रह्मा की पत्नियों के ऊपर उन्हीं के नाम से रचे गये। तब ऋषियों ने पूछा कि ब्रह्मा की गायत्री और सरस्वती पत्नियों का सन्निधान कैसे हुआ?

इस प्रश्न को सुनकर सूतजी बोले कि प्रजापति ब्रह्मा अपनी पुत्री वाणी पर ही मुग्ध हो गये और उसे पाने की इच्छा प्राप्त की। इस स्थिति को देखकर सबने उनकी निंन्दा की और भगवान् हरि ने व्याध का रूप धारण किया और अपने धनुष के एक तीर में ब्रह्माजी को बींध दिया। ब्रह्माजी पृथ्वी पर गिर उनके शरीर से एक महान् ज्योति उठकर आकाश में मृगशीर्ष के नाम से नक्षत्र बन गई। भगवान् भी उनके पीछे-ही-पीछे चले गये। इस समय मृगशीर्ष के पास प्रभु भी विद्यमान थे। यह देखकर गायत्री और सरस्वती दोनों ही चिन्ता से पीड़ित हो गईं क्योंकि मृगशीर्ष नक्षत्र के रूप में बहुत पीड़ा अनुभव कर रहा था।

गायत्री और सरस्वती तप करने के लिए तैयार हो गई और तप करना प्रारंभ कर दिया। इन दोनों ने अपने-अपने नाम से तीर्थ बनाए और उसमें स्नान करती रहीं। बहुत समय के बाद ये काम क्रोध से रहित शिव की आराधना करती हुई वहीं पर रही। जब इनके तप से महादेव संतुष्ट हो गए तब वे इनके पास आए। उन्होंने अपनी मूर्ति का सन्निधान इनके पास किया। उन दोनों ने यह देखा और यह भी कि गणेश और कार्तिकेय भी वहां थे। वे दोनों शिव के दर्शन से संतुष्ट हुईं और शिव का अर्चन बंदन किया।

गायत्री और सरस्वती ने शिवजी से कहा कि आप गंगा की तरंगों को अपनी जटाओं में धारण करने वाले हैं। आप हमारी रक्षा कीजिए। यह सुनकर महादेव बोले कि मैं तुमसे प्रसन्न हूं अतः कोई वरदान मांग लो। इसके उत्तर में इन दोनों ने कहा कि आप कृपा करके हमारे कर्ता चतुरानन (ब्रह्मा) को जीवित कर दीजिए। आप हमारे पिता हैं और हमें आप पति

देकर हमारी रक्षा कीजिए। तब भगवान् शिव ने उन दोनों को ब्रह्मलोक भेज दिया और उन दोनों के सन्निधान से ये दो कुण्ड बन गए। यह तीर्थ शिव की कृपा से प्रसिद्धि को देने वाला और महत्त्वशाली हो गया।

इसके बाद सूतजी ने व्यास देवजी द्वारा वर्णित धर्मारण्य के माहात्म्य का वर्णन किया। उन्होंने कहा कि यह तीर्थ पृथ्वी के माथे पर तिलक के समान है और इसमें वाक् देवी सरस्वती स्नान करती हैं। यह तीर्थ ब्रह्मा, विष्णु और महेश से भी सेवित रहता है। अनेक अप्सराएं, लोकपाल आदि इसमें स्नान करते हैं और यहीं रहते हैं। इस धर्मारण्य में भूत बेताल, सुर असुर का निवास है। शेर, हाथी और अनेक प्रकार के पक्षी और पशु यहां रहते हैं। इस तरह से यहां जो मृत्यु को प्राप्त होता है उसकी सद्गति हो जाती है। यहां पर चूहे और बिल्ली मिलकर रहते हैं। मेंढ़क और सांप भी मिल-जुलकर आनन्द करते हैं। यहां किसी को भी कोई भय नहीं सताता।

इस तीर्थ में कोयल सदा ही गाती रहती है और यह जंगल कोक और कोकी की मौन से भरा रहता है। चंद्रमा की किरणों का भोग करने वाला चकोर शांत रूप से रहता है। यहां के तोते सार वचनों का पाठ करते हैं। यहां पुराणों के ज्ञाता और सदाचरण वाले लोग रहते हैं।

यह सब सुनकर व्यासजी से युधिष्ठिर ने पूछा कि इसको धर्मारण्य क्यों कहा गया और यह जंगल तीर्थ रूप कैसे हो गया। मुझे यह भी बताइए कि यहां ब्राह्मण किस रूप में स्थापित रहते हैं और वेदों तथा वेदांगों के ज्ञाता यहां किस प्रकार निवास करते हैं और उनके सदाचार क्या हैं। यहां पर दानव, भूत, बेताल, राक्षस और पिशाच दूसरों को उद्विग्न क्यों नहीं करते?

व्याजी ने कहा—यहां 18 हजार ब्राह्मण हैं। ये सदाचार युक्त हैं और इनके दर्शन मात्र से पाप नष्ट हो जाते हैं।

तब युधिष्ठिर से पूछा कि हे प्रभु सदाचार के विषय में बताइए। क्योंकि सदाचार से ही मनुष्य को धर्म की प्राप्ति होती है। यह सुनकर व्यासजी ने कहा कि स्थावर कृमि, अब्ज, पक्षी, पशु और मानव से क्रम से धार्मिक होते हैं और सबसे अधिक धार्मिक सुर हुआ करते हैं। ये सभी पाप से मुक्ति पा लेते हैं यदि सदाचार का पालन करें। बुद्धिमानों में श्रेष्ठ

मनुष्य होते हैं। ब्राह्मणों में श्रेष्ठ कृतबुद्धि होते हैं। कृतबुद्धि भी श्रेष्ठ ब्रह्म में तत्पर ब्राह्मण होते हैं। ब्राह्मण सब भूतों का ईश्वर होता है। इसलिए ब्राह्मण को हमेशा आचारशील होना चाहिए। जो ब्राह्मण रोग से रहित होता है उसी को सदाचारी कहते हैं।

नींद से रहित सदाचार का सेवन करना चाहिए और जो पुरुष दुराचारी होता है वह निंदनीय होता है। उसे बहुत सारे रोग घेर लेते हैं। वह दूसरे के अधीन हो जाता है और अल्प आयु वाला होता है। वह अपने वश में नहीं रहता और पराधीन होने के कारण दुःखी होता है।

सदाचार का सबसे बड़ा मूल है कि जिस काम को करते हुए मन संतुष्ट हो उसे करना चाहिए और इसके विपरीत कभी नहीं जाना चाहिए। सदाचारी को चाहिए कि यम नियमों का पालन करें। यमों की संख्या 10 कही गई है। सत्य, क्षमा, अर्चव, ध्यान, आनृशंसा (क्रूरता का अभाव) अहिंसा, दम, प्रसाद, माधुर्य और मृदुता। नियमों की संख्या, शौच, स्नान, तप, दान, मौन, इज्या, अध्ययन, व्रत, उपोषण, दण्ड रूप में दस मानी गई हैं। सदाचारी मनुष्य काम, क्रोध, अहंकार, मोह, चोर कर्म और लोभ इन छः शत्रुओं को जीतकर विजयी होता है।

एकमात्र धर्म ही परलोक में सहारा होता है। दूसरों को पीड़ा न देता हुआ जो व्यक्ति इस लोक में अच्छा काम करता है वह परलोक में सुख से रहता है।

जब मनुष्य सोने की इच्छा करे तब अपने हित के विषय में चिंतन करे यही स्थिति जागते हुए होनी चाहिए। सबसे पहले उठकर गणेश का ध्यान हो और फिर भगवती अम्बा सहित भगवान् शिव का चिंतन करना चाहिए। फिर ब्रह्मा जी का ध्यान करे फिर सभी देव-देवताओं और ऋषियों का और इसके साथ भगवान् के भक्तों का ध्यान भी आवश्यक है। मनुष्य को चाहिए कि वह अपने गुरु का ध्यान करके आवश्यक शारीरिक क्रम के बाद शौच आदि को सम्पन्न करें। विप्र, गऊ और अग्नि के सामने शौच कर्म न करें। जहां की मिट्टी उखाड़ी हुई या खोदी हुई हो उसे छोड़कर दूसरी मिट्टी से हाथ और पैर धोने चाहिए। इसके बाद यदि व्यक्ति रोगग्रस्त है तो वह उनके अनुरूप ही कार्य करें। ब्राह्मण को

चाहिए कि वह पवित्र जल से आचमन करें। राजा कण्ठगामी जल से शुद्ध होता है, वैश्य तालु तक जाने वाले जल से और शूद्र तथा स्त्री जल के स्पर्श मात्र से ही शुद्ध हो जाते हैं। इस प्रकार स्नान करके शुभ कर्मों के विषय में सोचना चाहिए। प्रातःकाल स्नान करते हुए मनुष्य अपनी ग्लानि को समाप्त कर देता है। यह स्नान पवित्रता और संतोष देने वाला है।

प्रातःकाल स्नान करने वाला मनुष्य अशुभ फल को प्राप्त नहीं होता है। स्नान की एक धार्मिक विधि परमशुद्ध मिट्टी, तेल और गऊ मूत्र लेकर किसी अच्छे स्थल पर उसे प्रतिष्ठापित करें और फिर जल में प्रवेश करें। फिर आचमन करके संध्या उपासना कर प्राणायाम करें। प्राणायाम से बहुत कष्ट दूर हो जाते हैं। इसके बाद गायत्री का जाप करना चाहिए। गायत्री मंत्रों के समान कोई भी पवित्र मंत्र नहीं है। मनुष्य का चित्त निर्मल होना आवश्यक है। अपने चित्त की शुद्धि के लिए भगवान् का भजन करें। जो विद्वान् पुरुष जल में डुबकी लगाते हुए मंत्रों का जाप करता है उसके पाप नष्ट हो जाते हैं। प्रातःकाल के समय जाप करते हुए मनुष्य को चाहिए कि वह सूर्य के दर्शन करे और शाम को नक्षत्रों के देखने तक जाप करें।

मनुष्यों को चाहिए कि वह शास्त्र में दी हुई विधि से उपस्थान करे। गायत्री मंत्र का जाप परम श्रेष्ठ होता है। रक्त चंदन से मिले हुए जल से कुशा और फूलों को डुबोकर सूर्य देवता की ओर मंत्रों का उच्चारण करे। क्योंकि ठीक प्रकार से पूजित सूर्य पुत्र, पशु और धन प्रदान करते हैं। यह रुद्र आदित्य हरि, दिवाकर, रवि, हिरण्यरूप, त्रयीरूप, अर्यमा है। मनुष्य को चाहिए कि सूर्य का तर्पण करते हुए अन्य देवताओं का भी तर्पण करें।

किसी भी महीने के शुक्ल पक्ष में रविवार को दोनों संध्या कालों में किसी भी तत्त्व का तर्पण नहीं होना चाहिए। सारे तर्पण करते समय अपने गोत्र आदि का उच्चारण करते रहना चाहिए। क्योंकि पितृगण तीन-तीन अंजलियों की इच्छा रखते हैं। स्त्रियों का एक अंजलि से तर्पण करना चाहिए और वेदोक्त वचनों को बोलना चाहिए।

किसी भी महीने में शुक्ल पक्ष में रविवार को दोनों संध्या कालों में किसी भी तत्त्व का तर्पण नहीं होना चाहिए। सारे तर्पण करते समय अपने

गोत्र आदि का उच्चारण करते रहना चाहिए क्योंकि पितृगण तीन-तीन अंजलियों की इच्छा रखते हैं। स्त्रियों का एक अंजलि से तर्पण करना चाहिए और वेदोक्त वचनों को बोलना चाहिए।

पितृगण के लिए सुखप्रद तर्पण करना चाहिए। इसके बाद यज्ञ करके वेदों का अभ्यास करना चाहिए। यह पांच प्रकार का होता है। (1) स्वीकार करना (2) अर्थ का विचार करना (3) केवल अभ्यास करना (4) तप करना और (5) अपने शिष्यों को प्रतिपादित करना। यह कार्य प्रातःकाल होना चाहिए। जो शिष्य मेधावी हो उसे पढ़ाना चाहिए और ईश्वर की भी योग होम आदि से उपासना करनी चाहिए।

देवता का अर्चन करके पवनाग्नि को प्रज्वलित करके अन्य कर्म करें। तेल से पके हुए और कच्चे अन्न को त्याग दें। बासी अन्न भी न लें। गृहस्थ के लिए अतिथि पूजा महत्त्वपूर्ण होती है। अतिथि पात्र है या कुपात्र इसका विचार नहीं करना चाहिए। बचे हुए अन्न को कुत्तों को, पतितों को दे देना चाहिए।

दक्षिणा से रहित भोजन फल नहीं देता। इसलिए ब्राह्मण को खिलाकर दक्षिणा के बाद अपने बच्चों को साथ बैठकर भोजन करना चाहिए। अन्न को ऊपर और बीच में रखकर खाना चाहिए। 'प्राणाय स्वाहा' के मंत्र से आहुति देकर जो व्यक्ति प्रसन्न होकर कुश लेकर जहर रूपी कुण्ड में डाल देता है उसे कोई दोष नहीं होता। भोजन करते समय मौन रहना चाहिए।

इसके उपरांत व्यासजी ने हयग्रीव के वृत्तांत को प्रारम्भ किया।

व्यासजी ने कहा कि जिस समय ब्रह्मा आदि देवता गणों ने शीर्ष नहीं देखा था तो उनके सामने समस्या थी कि वे क्या करें। तब ब्रह्मा ने विश्वकर्मा को बुलाकर कहा कि तुम धन्वी के वस्त्र को सान्द्र बना दो। इस पर विश्वकर्मा बोला कि मुझे देवता गण यज्ञ के भाग से रहित रखते हैं। मैं भी देवताओं के साथ यज्ञ का भाग चाहता हूं। ब्रह्माजी ने कहा कि मैं आपको यज्ञ का भाग दूंगा आप तब तक भगवान् विष्णु के रूप का अनुसंधान करो। इसके बाद सब देवताओं ने देखा कि भगवान् सूर्य के रथ में उपस्थित हैं। उसके अश्व आगे आए। उस समय चतुर विश्वकर्मा ने

घोड़े के कबंध से सिर काटकर कबंध में आयोजित कर दिया। इस पर देवताओं ने कहा कि हम आपको नमस्कार करते हैं, आप ही हमारे रक्षक हैं और हम शरणागत हैं। आपके स्वरूप चार प्रकार से माने गए हैं। हे हयग्रीव आप, आप ही ॐकार हैं और आप ही षट्कार हैं, स्वाहा और स्वधा हैं। आप सबको शरण देते हैं।

यह सुनकर देवताओं से हयग्रीव ने पूछा कि आप यहां क्यों आये हैं क्या आपको दैत्य लोग पीड़ा पहुंचा रहे हैं? इसके उत्तर में देवताओं ने कहा कि हमें इस समय दैत्यों से भय नहीं है। हम यज्ञ करना चाहते हैं। हम आपके दर्शन करना चाहते हैं किन्तु जब आपकी माया हमें घेर लेती है तब हमें घबराहट होती है। हमने आपका योगारूढ़ स्वरूप देखा है। हमने आपको जिताने के लिए वभ्री ने नहीं कहा था। इसलिए यह घटना हो गई और आपके कबंध पर लगा दिया। इसलिए आप भयभीत हो गये। इस पर भगवान् बोले कि देवताओं, मैं आप पर प्रसन्न हूं। मैं अब देवों का देव हयग्रीव हो गया हूं। मुझे इस घोड़े के मुख से संतोष हुआ है। इसके बाद व्यासजी ने कहा कि इस तरह उस समय विश्वकर्मा को वभ्रीयों के द्वारा यज्ञ का भाग मिलना प्रारम्भ हो गया। यह कथा भगवान् के हयग्रीव होने की है।

यह सुनकर युधिष्ठिर ने पूछा कि जिस ब्रह्म का कोई पार नहीं पा सकता उसके सिर पर घात कैसे हो गया?

व्यासजी ने कहा–बहुत पुराने समय की बात है कि ब्रह्म सभा में इन्द्र के सहित अन्य देवता उपस्थित थे। वहां पर सारे चर-अचर थे। देवर्षि और महर्षि पीतांबरों को नमस्कार करने के लिए वहां गये। भगवान् विष्णु भी वहां आये। ब्रह्माजी उस समय बोले कि हे देवताओं तीन बड़े कारणों में सबसे बड़ा कारण कौन है? ब्रह्मा विष्णु और महेश इनके बीच कौन बड़ा है? यह सुनकर देवता चुप हो गये और कहा कि वही कुछ बताएं। विष्णु ने कहा कि विष्णु की माया से यह त्रिभुवन मोहित है फिर ब्रह्माजी ने कहा कि आप माया के बल से भी मोहित नहीं होते। विष्णु जगत् के प्रभु हैं इसलिए यह सब कुछ विष्णु की माया से परिपूर्ण है। विष्णुजी के मुख से यह बात सुनकर ब्रह्माजी बोले कि जिस मुख से आपने यह बात

कही है वह बहुत जल्दी ही गिर जाएगा। ब्रह्मा के मुख से यह बात सुनकर सब बहुत चिंतित हो गये। चारों तरफ हाहाकार मच गया। फिर देवताओं ने विष्णु की ओर से ब्रह्माजी से क्षमा मांगी किन्तु उन्होंने कहा कि यह बात अवश्य सच होगी।

इसके बाद महान् विष्णु ने धर्मारण्य में तप किया और फिर वहां घोड़े के मुख को देखकर जनार्दन हयग्रीव हो गये। क्योंकि तप से ही आत्मा को तुष्ट किया जा सकता है। ब्रह्माजी ने भी तपस्या की और वे विष्णु की माया से परिचालित होकर उन्हीं के सामने तपस्या युक्त हुए थे।

देवों के देव बोले कि मेरा माया अद्भुत है। यह जानकर ब्रह्मा और विष्णु दोनों प्रसन्नचित्त हो गये। वह क्षेत्र भी महाक्षेत्र हो गया और वह विष्णुमय हो गया। हे राजन्, उस समय स्वयं विष्णु ने हयशीर्ष की स्वीकृति दी थी।

उसी स्थल पर भगवती सावित्री ने भी तप किया था। माया से बनाया हुआ वह सिर घोड़े का था। पहले हरि ने स्वयं धर्मारण्य में अपना सिर छेदन किया और इस रूप में वे वहां से अधिष्ठित हो गये। यहां पर त्रिलोचन तीर्थ की स्थापना की और यह नामदेव का मोक्ष तीर्थ है। यहां तर्पण के द्वारा प्रेत दिव्य लोक को प्राप्त करते हैं और यहां स्नान से अवश्मेध यज्ञ के समान फल प्राप्त होता है।

हे महाराज, यह तीर्थ तीनों भुवनों में प्रसिद्ध है। मुनि लोग यहां आकर तप किया करते हैं।

इस पर युधिष्ठिर ने पूछा कि इसमें तालाब किस प्रकार से विख्यात है और उसका स्वरूप कैसा है?

श्री व्यासजी ने कहा–इस तालाब के चारों ओर आम और पाखर के पेड़ लगे हुए हैं। चकवा, चकवी, सारस अनेक पक्षी मधुर ध्वनियां करते रहते हैं। इस तालाब के किनारे मुनि और देवता आकर धन्य होते हैं। यह पापों का नाशक और पुण्यों को देने वाला है। इससे संपूर्ण सिद्धि मिलती है।

इसके बाद नारदजी ने पूछा कि इसके आगे क्या हुआ। मैं बहुत समय उस स्थान पर रहा मुझे उसके भूत और भविष्य की कहानी बताइए। ब्रह्माजी ने कहा–त्रेता के बाद द्वापर युग के अंत में उसका संरक्षण

हनुमानजी करते रहे। हनुमान के अतिरिक्त कोई और उसका संरक्षण कर ही नहीं सकता था। अपने भगवान् की आज्ञा से हनुमानजी इस तीर्थ की रक्षा करते थे। यहां पर उनके संरक्षण में ब्राह्मण गण निरंतर वेदों का पाठ करते थे।

महाराजा युधिष्ठिर ने पूछा कि क्या उस स्थान का मान भंग किसी समय हुआ या नहीं। उस स्थान को दैत्यों और दुष्टों ने कब जीता?

व्यासजी बोले—कलियुग के आने पर आपके नाम वाला कान्यकुब्ज देश का स्वामी हुआ। वह धर्म का ज्ञाता और नितिज्ञ था और अत्यंत शांत स्वभाव, सुशील तथा धार्मिक था। जब द्वापर आया तो कलियुग के आते-आते अधर्म के भय से सभी देवता लोग उसे छोड़कर नैमिषारण्य में आ गये और भगवान् राम भी अपने सहायकों सहित सेतुबंध पर चले गये।

युधिष्ठिर ने फिर पूछा कि कलियुग के आने पर किस प्रकार का भय व्याप्त हो गया। जिससे देवताओं ने रत्न धारण करने वाली पृथ्वी का भी त्याग कर दिया? तब व्यासजी ने कहा कि मैं अब तुम्हें कलियुग के धर्म का वर्णन करता हूं। यह सारे कार्य भविष्य में इसी प्रकार होंगे।

कलियुग में सभी लोग असत्य भाषण करने वाले, दूसरे की निन्दा में लीन और दूसरे का धन चुराने में लगे रहेंगे। पुत्र-पुत्रियां, माता-पिता के प्रति अवज्ञा का भाव रखेंगे और अपने ही गोत्र की स्त्रियों में अनुरक्त होंगे। कलियुग में परस्पर विद्वेष से भरे हुए लोग होंगे। कलियुग के ब्राह्मण वेदों से भ्रष्ट हो जाएंगे और संध्या आदि नहीं करेंगे। इस तरह शांति भंग हो जाएगी और लोग भक्ति से रहित रहेंगे।

उत्कोच लेना सामान्य बात हो जाएगी। पराये धन के लिए लालायित ब्राह्मण बिना स्नान किए भोजन करेंगे। क्षत्रिय लोग शुद्ध से पलायन करेंगे। और इसी तरह शूद्र लोग सेवा भाव से अलग हो जायेंगे। स्त्रियां अपने स्वामी से द्वेष करने वाली होंगी। लोग आपस में बंधु-बांधुवों के बीच द्वेषपूर्ण व्यवहार करेंगे। ब्राह्मण दूध, घी आदि बेचने वाले हो जाएंगे। वृक्ष अच्छी तरह फल नहीं देंगे। लोग अपनी कन्याओं को बेचने लगेंगे। इस प्रकार कलियुग में व्रत की आदि की स्थिति भी समाप्त हो जाएगी।

कलियुग आने पर लोग तीर्थों का सेवन नहीं करेंगे। अधिक खाना

और अधिक सोना प्रिय हो जाएगा। वे छलछिद्र में लगे हुए एक-दूसरे की हानि करते रहेंगे। विश्वासघात बढ़ जाएगा। हे राजन्, लोग अपने मित्रों में द्रोह करेंगे। चारों वर्ण एकदम लुप्त होकर एक वर्ण हो जाएंगे।

इसके बाद नारदजी ने पूछा कि हे महाभाग! मैंने आपसे अनेक व्रतों के विषय में सुना है किन्तु मैं चतुर्मास के परम शुभ व्रत के विषय में जानने की इच्छा रखता हूं। इस पर ब्रह्माजी ने कहा कि चातुर्मास का शुभ व्रत करने के कारण ही भरत खण्ड में मनुष्यों की मुक्ति दुर्लभ नहीं होती। स्वयं भगवान् मुक्ति को प्रदान करने वाले हैं। चातुर्मास में विशेष रूप से भगवान् विष्णु का व्रत करना चाहिए। मनुष्य को चाहिए कि वह चातुर्मास में विष्णु का व्रत रखे और फिर अपने को पुष्ट और सुशोभित करें। चातुर्मास में प्रातःकाल स्नान करने से समस्त ऋतुओं में स्नान के पुण्य फल जैसा प्राप्त होता है। यदि कोई नदी न हो तो तालाब अथवा कुएं में स्नान करना चाहिए।

भास्कर क्षेत्र में रेवा नदी में चातुर्मास में एक दिन स्नान कर लेने से जीवन का कोई भी दोष शेष नहीं रहता। तीन दिन तक जो व्यक्ति नर्मदा में स्नान करता है उसके समस्त पाप धुल जाते हैं और जो व्यक्ति एक पक्ष तक गोदावरी में स्नान करता है वह सीधा भगवान् विष्णु के लोक में जाता है।

चातुर्मास में भगवान् नारायण भी जल में निवास करते हैं। इसलिए उनके तेज से सभी तीर्थों में जल शुद्ध हो जाता है। इसलिए चातुर्मास में स्नान का विशेष महत्त्व है। हे राजन्, यदि जल से शरीर शुद्ध नहीं हो सकता तो भस्म से ही किया जा सकता है। सामान्य रूप से जो विशुद्ध आत्मा होकर चातुर्मास में स्नान करता है वह परम शुद्ध हो जाता है।

चातुर्मास में सत्संग करते हुए अपने पितृगणों का तर्पण करना चाहिए। इससे बहुत अधिक फल मिलता है। भक्त को चाहिए कि वह भगवान् गोविन्द का भी स्मरण करके फिर अन्य शुभ कार्य करें। गोदान, वेद पाठ, सत्य भाषण, दान, भक्ति से सभी धर्म के साधन हैं। नारदजी ने ब्रह्माजी से पूछा कि नियम के द्वारा क्या फल हुआ करता है? इस पर ब्रह्माजी ने उत्तर दिया कि मनुष्य की अनेक क्रियाओं में नियम होता है।

जो व्यक्ति उसका पालन नहीं करता वह उचित प्रकार से क्रिया का सम्पादन नहीं कर सकता। जो विद्वान् पुरुष हैं उन्हें नियम पालन करना चाहिए। सत्संग के षड्वर्ग अध्यात्म के मूल हैं और इनसे मनुष्य में सद्‌गुण स्थित रहते हैं। जो योगी नित्य ही नियमों का पालन करता है वह अध्यात्म में रत रहता है और जो सब प्रकार से अपने मन की कामनाओं को जीत लेता है वह ज्ञानी होता है और मन के नियमन से निश्चित ही क्षोम को प्राप्त कर लेता है। क्षमा, सत्य का पालन करना परम तप के समान है। सत्य ही सर्वोत्तम ज्ञान है और सत्य में ही हमारे सारे धर्मों की प्रतिष्ठा है।

किसी भी प्रकार की इच्छा से हीन व्यक्ति योगी होता है और वह प्रज्ञावान होकर अहंकार से रहित होता है। अहंकार को त्याग देना चाहिए क्योंकि वह विष के समान माना जाता है। इच्छा के अभाव से मनुष्य क्रोध को जीत लेता है और लोभ पर विजय पा लेता है।

एक समय भगवान् श्री महादेव पर्वत के शिखर पर बैठे थे। उमा देवी उनके साथ थीं और उन्होंने परम लक्ष्मी को भी धारण किया हुआ था। उनके अनेक गण–वीरबाहु, वीरभद्र, तृष्टि, नन्दी, उत्कट, विकट, कण्टक, पुण्योत्कट, महाभद्र, आदि उनके पास विद्यमान थे। ये सारे गण भद्रकाली देवी के सहित महादेव की जय बोल रहे थे। प्रेत और पिशाच भी स्तवन कर रहे थे। वसंत का आगमन था और वन में नई-नई कलियां सुशोभित हो रही थी। दक्षिण दिशा की ओर जाने वाली हवा कवियों को सुख दे रही थी। वियोगी लोगों के हृदय फूलों की ओर आकर्षित हो रहे थे। जब इस प्रकार की स्थिति थी तो नन्दी ने सबको टोका और कहा कि अपने मन को चपल मत करो। उन्होंने सबको सावधान किया। तब उनकी बात सुनकर सब लोग अपनी-अपनी उपत्यकाओं में तप करने के लिए चले गये। उस समय पार्वती भगवान् शंकर से बोलीं–हे देव, मुझे यह बताइए कि आपके पास जो यह अक्षों की माला है आप इसमें किसका जाप करते हैं? क्या आपसे भी कोई महान है जिसका आप चित्त में ध्यान करते हैं?

पार्वती के द्वारा पूछे जाने पर महादेव बोले कि मैं इस माला के द्वारा भगवान् के सहस्त्र नामों का जाप करता हूं। 24 संख्या वाले भगवान् श्रीहरि

के अवतार श्रीनाम वाले प्रभु का स्मरण करता हूं। वह प्रणव नाम वाला है और बारह अक्षरों में युक्त है। वह अक्षर वेदों का सार, परम निर्मल, शांति और अमृत के समान अमृत देने वाला जड़ शुद्ध क्रिया वाला नियामक ब्रह्म है। यह बारह अक्षर वाला मंत्र समुद्र के पापों का जला डालता है। यह सबसे अधिक गोपनीय और तेजवान है। शुभ और अशुभ का निर्णय करने वाला परम ज्ञान है। इन बारह अक्षरों का चिंतन करना चाहिए।

चातुर्मास में द्वादश अक्षरों का चिंतन विशेष फल देता है। मन, वाणी और कर्म शुद्ध हो जाते हैं।

प्रणव से रहित इस मंत्र का जाप करने से शूद्र और नारी भी मोक्ष को प्राप्त कर लेते हैं। लेकिन यह सबके लिए उपयुक्त नहीं है। सबको इसका जप या तप नहीं करना चाहिए। जिसका शरीर शुद्ध हो, जो भगवान् विष्णु के ध्यान में रहता हो वही इससे सिद्धि प्राप्त कर सकता है।

राम नाम की महिमा महान है। इन दो अक्षरों का जाप मनुष्य को बड़े-बड़े संकटों से उबार देता है। यह सैकड़ों मंत्रों से अधिक फलदाता है। जो मनुष्य केवल श्रीराम के नाम का आश्रय लेते हैं वे मृत्यु के भय से मुक्त हो जाते हैं क्योंकि श्रीराम ही समस्त प्राणियों के अन्तरात्मा में रमते हैं। राम-राम का महामंत्र सारे कष्टों का नाशक होता है। इस मंत्र के जाप से रणभूमि में विजय मिल जाती है। सभी कामनाओं की पूर्ति होती है। देवगण भी इसका जाप करते हैं। इसलिए हे देवेश, श्रीराम के नाम का जाप किया करो। यह राम का नाम परम महिमामय सम्पूर्ण जनों में व्याप्त सूक्ष्म और स्थूल पापों का एक क्षण में नष्ट करने वाला है।

ऋषियों ने कहा कि हे सूतजी आपने भगवान् श्रीकृष्ण के परम उत्तम माहात्म्य का वर्णन किया है। हम चाहते हैं कि आप त्रिपुरासुर को मारने वाले शिवजी का माहात्म्य सुनाइए। इस पर सूतजी ने कहा प्रत्येक मनुष्य का सबसे बड़ा श्रेय है कि वह भगवान् में बिना किसी कामना के भक्ति रखें। इस तरह नाम का जप ही महत्त्वपूर्ण होता है। छः अक्षर वाले शैव मंत्र को ही हम परम दिव्य कहते हैं। षडाक्षर मंत्र ही सब मंत्रों में प्रधान हैं। इसका जाप करने से मनुष्य को मुक्ति हो जाती है। यह मंत्र है

'ॐ नमः शिवाय'। इसके बाद किसी और मंत्र की आवश्यकता नहीं होती।

मथुरा के यदुओं में दाशार्ह एक श्रेष्ठ यादव था। वह महान बुद्धि वाला और शास्त्रों का ज्ञाता था। वह युद्धों में विजय के बिना नहीं रहता था। दानशील और सभी अच्छे लक्षणों से युक्त था। उस राजा ने काशीराज की पुत्री के साथ विवाह किया था। उसकी पत्नी का नाम कलावती था। वह रूप-गुण से परिपूर्ण थी। विवाह के बाद राजा अपने मंदिर में उसके साथ संगम की तैयारी करने लगा किन्तु वह अपने स्वामी के साथ बार-बार बुलाये जाने पर भी संगम के लिए तैयार नहीं हुई। जब राजा ने यह देखा कि प्रार्थना करने पर मान नहीं रही है तो बलपूर्वक उसे अपने पास लाने के लिए वह स्वयं उठ खड़ा हुआ। उसे इस प्रकार देखकर रानी बोली कि हे महाराज, आप मेरा स्पर्श मत कीजिए क्योंकि मैं एक व्रत में लीन हूं। आप स्वयं बुद्धिमान हैं। धर्म और अधर्म को जानते हैं। जो कुछ अच्छा लगता है उसी को करने का विधान जीवन में है और पति-पत्नी के प्रेम का योग तो परस्पर इच्छा पर आधारित होता है और वही प्रेम को बढ़ाता है। जिस समय मुझे प्रिय लगेगा उसी समय मेरा और आपका संगम होगा। पुरुष को यह चाहिए कि प्रेम से रहित, रोगिणी, गर्भवती, व्रती और काम वासना से रहित, ऐसी स्त्री से बलपूर्वक संगम की इच्छा न करें और पति को भी चाहिए कि वह अपनी पत्नी के साथ प्रेम और दया और अनुराग की भावना के साथ ही समागम करने की इच्छा करें। रानी के इतना कहने पर भी जब राजा ने बलपूर्वक उसे अपने ओर खींचा तो उसने अनुभव किया कि वह जले हुए लोहे के समान थी। राजा ने डरकर उसे छोड़ दिया और उसने पूछा कि है प्रिये, तुम्हारा यह कोमल शरीर इस तरह अग्नि के समान कैसे हो गया? तब वह प्रेम पूर्वक मुस्कराते हुए अपने पति से बोली कि हे राजन्, बहुत पहले बचपन में दुर्वासाजी ने मुझे पंचाक्षरी शैवी विद्या का उपदेश दिया था। इस मंत्र के कारण ही मेरा शरीर कांतिमान हो गया है। मेरा शरीर पाप युक्त पुरुषों के द्वारा अब छुआ नहीं जा सकता। हे राजन्, आपने हमेशा मदिरा का पान किया है और कुलटा और गणिकाओं का उपभोग किया है। न तो आप नित्य स्नान करते

हैं और न मंत्रों का जाप करते हैं तो आप मुझे कैसे छू सकते हैं। इस पर राजा ने कहा कि आप मुझे भी पंचाक्षरी विद्या बताइए। मैं उस विद्या के द्वारा पाप मुक्त होकर तुम्हारे साथ रमण करने की इच्छा रखता हूं।

रानी ने कहा कि मेरे गुरु मुनि गर्ग हैं। हम उनके पास चलते हैं। इस पर वे दोनों बातचीत करते हुए वहां पहुंचे तो राजा ने गुरुदेव की बार-बार पूजा करते हुए अत्यंत विनम्र भाव से उनसे कहा कि मुझे आप पंचाक्षरी शैवी विद्या का उपदेश दीजिए। मेरे सारे अपकर्म शुद्धि को प्राप्त हो ऐसा उपाय कीजिए। राजा की प्रार्थना सुनकर गुरु ने राजा के माथे पर अपना हाथ रखा और उन्हें मंत्र दान किया। उस शैव मंत्र के धारण करते ही गुरु की कृपा से राजा के शरीर में जले हुए पंखों को लिए चीखते हुए करोड़ों कौवे पृथ्वी पर गिर गए। तब राजा और रानी ने पूछा कि यह कैसे हुआ और क्या हुआ। यह कौवों का समुदाय इस शरीर में कैसे पैदा हो गया? तब गुरु ने उत्तर दिया कि आपने अपने जन्मों में जो भी अपकर्म किए थे ये सब वही थे। जब तुम्हारे पुण्य और पाप समान हुए तब यह मनुष्य योनि मिली और पंचाक्षरी विद्या जैसे ही आपके शरीर में पहुंची वैसे ही ये पाप कौवों के रूप में निकल पड़े। इनमें ब्रह्म हत्या, अगम्य स्त्रियों में गमन, मदिरापान आदि पाप विद्यमान हैं। हे राजन् अब आप पवित्र हो गये हैं। आप सुखपूर्वक अपनी इस भार्या के साथ व्यवहार कर सकते हैं। गुरु के आदेश से दोनों अपने महल में आ गये और जिस तरह कोई दरिद्र धन को पाकर संतुष्ट होता है उसी प्रकार वह राजा पंचाक्षरी विद्या के प्रभाव से अपनी पत्नी को पाकर धन्य और संतुष्ट हो गया।

काशी खण्ड

महामुनि पाराशरजी ने सूतजी से कहा कि आप संसार में परमार्थ को प्राप्त करने के लिए मनुष्य को जिन कथाओं का सुनना आवश्यक होता है उन्हें सुनिए। पुराने समय में अगस्त्य मुनि अपनी पत्नी के साथ विभिन्न शैलों की यात्रा के लिए निकले। उन्हें ज्ञान था कि सत्पुरुषों के हृदय में दूसरों के उपकार करने की भावना सर्वथा बनी रहती है। परायों के उपकार से जो धर्म प्राप्त होता है वह दान आदि धर्म से भी बड़ा होता है। अगस्त्यजी को उपकार का यह दर्शन अनुभव हुआ और उन्होंने विचार किया कि अन्य लोगों का उपकार किया जाए। उन्होंने लक्ष्मी का दर्शन किया और फिर अपनी पत्नी को कहा कि यह श्रीवाला शिखर है। जिसके दर्शन से मनुष्य का आवागमन छूट जाता है। पति की बात सुनकर लोपामुद्रा ने कहा कि मैं कुछ जानने की इच्छा रखती हूं किन्तु आपकी आज्ञा आवश्यक है। फिर अगस्त्य मुनि ने पूछा कि आप जो जानना चाहती हैं कहिए। लोपामुद्रा ने कहा कि यदि इस शिखर का दर्शन करने से आवगमन से मुक्ति मिलती है तो फिर काशी का महत्त्व किसलिए है। यह सुनकर अगस्त्य मुनि ने कहा कि मुक्ति के अनेक स्थान हैं और उन स्थानों का विभिन्न रूप से वर्णन किया गया है। आप सावधान होकर सब सुनिए।

तीर्थों का राजा प्रयाग बहुत प्रसिद्ध है। प्रयाग में आकर धर्म, अर्थ, काम और मोक्ष की प्राप्ति होती है। इसके अतिरिक्त नैमिष, कुरुक्षेत्र, अयोध्या, मथुरा, गंगाद्वार, अमरावती, सिंधूसंध, गंगासागर, कांची, द्वारिका, गोदावरी तटकालंजर, प्रभास, बदरिकाश्रम, पुष्कर आदि महान तीर्थ हैं और ये सभी तीर्थ मुक्ति देने वाले हैं। गया तीर्थ पितृगण को ही मुक्ति देने वाला है और पुत्र अपने पितामहों के ऋण से मुक्त हो जाते हैं।

इसके उपरांत लोपामुद्रा ने कहा कि आपने मानस तीर्थों का भी वर्णन किया है, कृपा करके मुझे उनके विषय में बताइए। इस पर मुनि ने कहा

कि मैं उन मानस तीर्थों के विषय में भी बताता हूं जिनमें स्नान करके भक्त परम गति को प्राप्त होता है। मानस तीर्थों में सत्य तीर्थ है और दूसरा क्षमा तीर्थ है तीसरा तीर्थ इन्द्रियों का निग्रह है और दया तीर्थ तथा कुटिलता न होना भी मानस तीर्थ होता है। इसके अतिरिक्त दान, दम, संतोष और ब्रह्मचर्य का पालन, प्रिय भाषण भी मानस तीर्थों में परम तीर्थ हैं। सबके साथ प्रिय बोलना महान् मानस तीर्थ है और इसके साथ ज्ञान प्राप्त करना, धैर्य करना भी मानस तीर्थों में प्रमुख माने गये हैं। इनमें सबसे श्रेष्ठ तीर्थ मन की शुद्धता है। केवल जल में नहाने से पाप नहीं समाप्त होते अपितु वह स्नान मन में होना चाहिए। जिस मनुष्य का मन शुद्ध होता है, जो कभी दूसरों की बुराई हीं करता वह परमता को प्राप्त करता है और जो बुराई करता है, कठोर रहता है, अहंकार करता है और जो कायर है वह पाप को प्राप्त होता है।

केवल शारीरिक मैल को त्याग करके मनुष्य पवित्र नहीं होता। जल में रहने वाले जल में ही मृत्यु को प्राप्त होते हैं लेकिन उनकी कभी मुक्ति नहीं होती क्योंकि उनका मन शुद्ध नहीं होता। वे कभी स्वर्गलोक में नहीं जाते। मन में मैल सांसारिक विषयों में लीन होने को कहते हैं अर्थात् जो व्यक्ति बहुत अधिक रागी होता है और वासना से भरा हुआ होता है उसके मन का मैल नहीं धुलता। मन के भीतर अशुद्ध भावनाएं व्यक्ति को अपवित्र बना देती हैं। दान, तप, शुद्धता, तीर्थों में घूमना सभी तीर्थ होते हैं। लेकिन भाव की शुद्धता अवश्य होनी चाहिए।

मनुष्य किसी भी तीर्थ में निवास कर सकता है किन्तु जब वह ध्यान से पवित्र ज्ञानरूपी जल में नहाता हुआ अपने द्वेष को नहीं धोता तब तक शुद्ध नहीं होता। मानस तीर्थ इसीलिए सर्वोत्तम तीर्थ है।

जिस प्रकार शरीर के कुछ भाग पवित्र माने गये है उसी तरह पृथ्वी के कुछ भाग भी पुण्यों को देने वाले माने गये हैं। इसीलिए भूमि पर इन तीर्थों का महत्त्व है। जो मनुष्य भूमि के तीर्थ और मानस तीर्थ दोनों में मिलकर स्नान करता है वह पवित्रतम हो जाता है। जो पुरुष तीर्थ में पहुंचकर उपवास नहीं करता, स्वर्ण और गऊ का दान नहीं करता वह दरिद्र रहता है। ऐसा व्यक्ति फल प्राप्त नहीं करता क्योंकि तीर्थों में जाने से बड़े-बड़े यज्ञों का फल मिल जाता है।

अभिमान से रहित होकर कम खाने वाला और इंद्रियों को जीतने वाला तथा जो सब प्रकार के अन्य संगों से दूर रहता है वह भी तीर्थों में जाने वाले का फल प्राप्त कर लेता है। जो व्यक्ति क्रोध नहीं करता, जिसकी बुद्धि निर्मल रहती है और जो सच बोलता है वह भी तीर्थों में स्नान करने का पुण्य प्राप्त कर लेता है। पाप करने वाला व्यक्ति भी यदि श्रद्धा से भरकर तीर्थों में जाता है तो पुण्य को प्राप्त होता है और ऐसा मनुष्य कभी दु:खी नहीं होता। वह सर्वथा स्वर्ग लोक का भोक्ता हो जाता है। ऐसा मनुष्य यदि ईश्वर की सत्ता में विश्वास रखकर तीर्थाटन करता है तो परमपद को प्राप्त होता है।

जब मनुष्य को तीर्थयात्रा की इच्छा हो तब उसे पहले गणेश पूजन करना चाहिए और फिर अन्य पितृगणों का पूजन करके उपवास करते हुए तीर्थ के लिए प्रस्थान करना चाहिए।

तीर्थों में ब्राह्मण की परीक्षा नहीं करनी चाहिए। जो भी भूखा हो उसे भोजन देना चाहिए। ऋषियों के द्वारा पिंडदान गुड़ से किया जाता है और अन्य मनुष्य सत्तू से दान कर सकते हैं। यह बात कही गई है कि पाप करने वाला व्यक्ति भी तीर्थ में जाकर पुण्य को प्राप्त हो जाता है।

काशी, हरिद्वार, अयोध्या, अवन्तिका, द्वारिका, मथुरा मोक्ष प्रदान करने वाले तीर्थ हैं। यद्यपि मुक्ति देने वाले अन्य तीर्थ भी हैं किन्तु काशी का महत्त्व अधिक है।

अगस्त्य मुनि ने पत्नी से कहा कि जो व्यक्ति गायत्री मंत्र से तीन बार जल अंजलियां भरकर सूर्य को समर्पित करता है उसने मानो इस त्रिभुवन को सब कुछ दे दिया। शास्त्र में बताये हुए समय पर ऐसे भक्त को सूर्य सब कुछ दे देते हैं। इस विश्व में मीमांसा विद्या सबसे बड़ी है लेकिन उससे भी बड़ा तर्क शास्त्र है फिर उनसे बड़े पुराण हैं फिर उनसे बड़े धर्म शास्त्र हैं फिर वेद हैं। उसके बाद उपनिषद हैं किन्तु इन सबमें गायत्री सबसे बड़ी है। वेदों में भी गायत्री का बहुत महत्त्व माना है। जिस तरह काशी के समान कोई पुरी नहीं और भगवान् शिवलिंग के समान कोई अन्य प्रभु नहीं इसी तरह गायत्री के समान अन्य कोई मंत्र नहीं। गायत्री और सविता दोनों का परस्पर संबंध है। गायत्री के प्रभाव से ही

क्षेत्रीय वंश के विश्वामित्र राजर्षि के पद से ब्रह्मर्षि के पद को प्राप्त हुए और फिर उन्होंने एक अन्य भुवन बनाने की शक्ति प्राप्त कर ली थी।

हमारे लोक के निवासी सूर्य को ध्यान में रखकर गायत्री का पाठ किया करते हैं। सारी दिशाओं में पूर्ण रूप में विद्यमान रहते हैं गर्भ में वही सम्पूर्ण रूप में हैं और वही उत्पत्ति में हैं। उनका मुख चारों ओर रहता है। इसलिए उनकी पूजा गायत्री से की जानी चाहिए। जो ब्राह्मण सूर्य को नमस्कार करते हैं वे सूर्य के समान ही तेज वाले हो जाते हैं। रविवार के दिन पौष मास में जो मनुष्य सूर्य उदय के समय स्थान ध्यान करके यज्ञ करता है वह काम क्रोध से रहित हो जाता है और परम श्रद्धा भाव से परिपूर्ण होता है। ऐसा मनुष्य यहां अप्सराओं के साथ निवास करता है। जो मनुष्य घी सहित तिलों से हवन करते हैं और ब्राह्मणों का भोजन कराते और अपने पितृगण से सम्बन्धित श्राद्ध करते हैं वे परमपद को प्राप्त कर लेते हैं। कोई भी पूजा और किसी प्रकार के मंत्रों का जाप करने वाले इस लोक में सूर्य के समान प्रभा संपन्न हो जाते हैं उन्हें दरिद्रता कभी नहीं छूती। जो सूर्य की संक्रान्तिकाल से सूर्य की भक्ति करते हैं वे कभी भी विरूप नहीं होते।

भगवान् सूर्य के राहु के द्वारा ग्रस्त होने पर सभी प्रकार के जल गंगा के समान होते हैं और ब्राह्मण ब्रह्मा की तरह तथा दान में दी हुई सभी वस्तुएं सोने के समान होती हैं। दान, जाप, हवन, स्नान और कोई भी अनुष्ठान सूर्य ग्रहण के समय ब्रह्म की प्राप्ति का आधार बन जाता है। भगवान् भास्कर के अनेक नाम हैं। इनमें–हंस, भानु, सहस्रांशु, तपन, तापन, रवि, विवर्तन, विवस्वान, विश्वकर्मा, विभावसु, विश्वरूप विश्वकर्त्ता, मार्तण्ड, मिहिर, अंशमानु, आदित्य, उष्णगु, सूर्य, अर्यंगा, ब्रध्न दिवाकर, द्वादशात्मा, सप्तहय भास्कर, अहस्कर, खग, सूर, प्रभाकर, श्रीमान्, लोक, चक्षु, ग्रहेश्वर, त्रिलोकेश लोकसाक्षी, तमोरि, शाश्वत, शुचि, गभस्ति, हस्त, तीव्रांशु, तरिण, सुमहोरणि : द्यमुणि, हरिदश्व यर्क भानुमानु, भयनाशन, छन्दो, श्व, वेदवैद्य, भास्वानु, पूषा, वृषाकपि, एकचक्र रथ, मित्र, मन्देहरि, तमिस्रहा, दैत्यहां, पापहर्ता, धर्म, धर्म प्रकाशक, हेलिक, चित्रभानु, कलिधन, ताक्ष्र्य वाहन, दिवापति, पद्मिनीनाथ, कुशेशयकर, हरि, धर्मराशि दुर्निरीक्ष्य, चण्डांशु, कश्यपात्मज, ये 70 भगवान् सूर्य के

नाम कहे गये हैं। इनमें पहले ॐ लगाकर नमस्कार करना चाहिए। जैसे ॐ सूर्याय नमः।

जो मनुष्य इस मंत्र के द्वारा उदय और अस्त के समय सूर्य को नमस्कार करता है वह सुखों को भोगता है और उसकी जन्म-जमान्तरों की व्याधियां दूर हो जाती हैं।

ऋषि अगस्त्यजी ने स्कंद देव ने कहा कि यदि आप मुझ पर प्रसन्न हैं तो मुझे यह आपका स्थल मोक्ष प्रदान करने वाला कैसे हो गया। इस काशी में मणिकर्णिका कैसे गायी जाती है और क्या जब यहां गंगा नहीं थी तब भी इसकी स्थिति ऐसी ही थी। हे स्वामिन् इस नगरी के काशी, वाराणसी, रुद्रवास और महापुरी नाम कैसे पड़े। इस प्रदेश में एक रम्य महा श्मशान है आप इन सबके विषय में मुझे बताइए और मेरे भ्रम का निवारण कीजिए।

अगस्त्य मुनि से यह सुनकर स्कन्द देव ने कहा कि हे मुनि मेरी माता ने भगवान् शम्भु से यही प्रश्न पूछा था और जो उन्होंने उत्तर माता के सामने दिया वही उत्तर मैं आपको सुना देता हूं।

जिस समय महाप्रलय काल था और सभी स्थावर जंगम नष्ट हो गये थे उस समय अंधकार की सत्ता के अतिरिक्त सूर्य, ग्रह, तारक मंडल, अग्नि, चन्द्रमा कुछ भी शेष नहीं रहा था। तब केवल एक ब्रह्मा की ही सत्ता विद्यमान थी। सूची भेद्य अंधकार में केवल एक सद्ब्रह्म ही था और इस ब्रह्म का प्रति पादन वेदों के द्वारा किया है। यह ब्रह्म न वाणी से कहा जाता है और देखा जा सकता है। यह नाम रूप और रंग से परे है। यह न छोटा है न बड़ा है यह सत्य स्वरूप, अनन्त, परमानन्द और ज्ञानरूप है।

वेद यही कहते हैं कि यह निर्गुण, निराकार, अप्रमेय, ब्रह्म अपने अनेक विकल्पों के द्वारा योगियों से जाना जा सकता है। वह निर्विकल्प है और शून्य है। इस तरह अपने स्वरूप को व्यापक करने की इच्छा वाला ब्रह्म ही मूर्तिरूप में दिखाई देता है। जब यह ब्रह्म एक से अनेक की इच्छा वाला हुआ तो उसने अपनी ही एक मूर्ति बनाई। यह मूर्ति ऐश्वर्य और गुणों से युक्त थी। ज्ञानमयी तथा सब जगह गमन करने वाली, सब कुछ देखने वाली, सर्व संस्कृति रूपा थी। ऐसी मूर्ति बनाकर ब्रह्म अन्तर्हित हो गये।

हे प्रिय, वह जो मूर्ति है वह मैं ही हूं। अर्थात् अमूर्त रूप का मूर्त रूप मैं हूं और मुझे ही ईश्वर कहकर गाया गया है। इसके बाद मैंने अपने ही विग्रह से अपने ही शरीर वाले परम गुणवती प्रकृति प्रधान माया का सृजन किया। यह शक्ति रूपिणी माया मेरा ही स्वरूप है और फिर मैंने पापों से रहित यह क्षेत्र बनाया।

भगवान् स्कन्द देव ने कहा कि यह प्रकृति ही शक्ति है या शक्ति ही प्रकृति कही गई है और पुरुष ईश्वर। इस तरह परम आनंद से परिपूर्ण यह पुरुष और प्रकृति अपने द्वारा निर्मित क्षेत्र में विचरण करते हैं और यह क्षेत्र प्रलय काल में शिव और शिवा से मुक्त नहीं होता। इसलिए इसे अविमुक्त कहा जाता है। ईश्वर ने विहार करने के लिए क्षेत्र का निर्माण किया।

इस क्षेत्र के रहस्य को कोई नहीं जानता। जो परम भक्त श्रद्धालु और ज्ञानवान है और शिव की उपासना करता है वही इसके विषय में जान सकता है। जो ब्राह्मण महादेव की उपासना नहीं करता और काशी में न जाकर निर्वाण पद को प्राप्त नहीं करता उसे सर्वथा अभाव रहता है।

अब मैं मणिकर्णिका के विषय में बताता हूं। शिव और शिवा को उस आनंद वन में रमण करते हुए यह इच्छा पैदा हुई कि दूसरा स्थल भी बनाया जाना चाहिए। जिस पर सारा भार छोड़कर हम स्वच्छंद रह सकें। और हम केवल काशी में आने वालों का ही निर्वाण करेंगे। क्योंकि मनुष्य का चित्त समुद्र के समान है और उसमें चिंता रूपी तरंगें उठती रहती हैं। उसमें जो सत्वगुण की भावनाएं हैं वही रत्न के समान है और तमोगुण समुद्र को ग्राह की तरह से है और रजोगुण बिन्दुओं की तरह से बनता-बिगड़ता रहता है। हमें चाहिए कि एक ऐसा स्थल हो जहां हम ऐसे चित्त के साथ सुख पा सकें। इसके पश्चात् उन्होंने परम सुंदर पुरुष का आविर्भाव किया।

हे मुनि, वह परम पुरुष क्षमा से परिपूर्ण सागर से भी अधिक गंभीर सत्वगुण वाला हुआ। उसके अंग इन्द्र नीलमणि की तरह से चमक रहे थे। कमल की तरह उसके नेत्र थे, सोने की तरह चमकती हुई उसके शरीर की कांति थी, वह शोभा से परिपूर्ण था और एक ही स्थान पर जैसे सारे गुणों का निवास हो गया हो। इसीलिए उसे पुरुषोत्तम कहा गया। इस पुरुषोत्तम का नाम भगवान् महादेव ने महा विष्णु रखा। उन्होंने कहा कि

हे अच्युत! आप वेद में निवास करने वाले हैं और वेदों के राजा इष्ट मार्ग है आप उसके अनुसार कार्य कीजिए और विष्णु रूप होइए। यह कहकर भगवान् रुद्र शिवा के साथ अपने आनंद धाम चले गये।

भगवान् विष्णु ने शिवजी की आज्ञा से अपने मन को तप में लगाया और अपने सुदर्शन चक्र के द्वारा एक पुष्करिणी खोदी और उसे पानी से भर दिया। उन्होंने फिर हजारों वर्षों का तप किया और बिल्कुल लकड़ी की तरह से हो गये। तब भगवान् शिव ने उनके तप की महिमा का वर्णन किया और उन्हें तप करने से मना किया। क्योंकि तपस्या पूरी हो चुकी थी। भगवान् महादेव ने उनसे वरदान लेने के लिए कहा। उन्होंने कहा कि आप इस क्षेत्र से पूर्ण रूप से निवास कीजिए। यह स्थल महान स्थल होगा और यहां आने वाला कोई भी पुरुष दुखी नहीं होगा। जब मनुष्य यहां पर प्रवेश करता है तो उसके पाप इस प्रदेश से बाहर ही रहते हैं। क्योंकि त्रिशूल लेकर वहां पर रक्षा करने वाले गण रहते हैं और उनके भय से यहां तक नहीं आ पाता। जो फल सारे तीर्थों में स्नान करने से मिलता है वह केवल एक बार ही मणिकर्णिका स्थान करने से मिल जाता है।

मनुष्य को चाहिए कि वह मणिकर्णिका में विधिपूर्वक स्नान करें और श्रद्धा भाव से देव आदियों का तर्पण करें। जितेन्द्रिय पुरुष मौन होकर स्नान करें और फिर भगवान् विश्वनाथ के दर्शन करें। ऐसा करके वह पुरुष अपने सारे व्रतों के पुण्य पा लेता है। मौन की बहुत बड़ी महिमा होती है और नित्य कर्म करते हुए विशेष रूप में मौन रहना चाहिए।

विश्वनाथ नाम वाले प्रभु को एक ज्योतिर्लिंग मानना चाहिए। यहां पर आने पर मनुष्य को अनेक जन्मों में अर्जित किया हुआ पुण्य फल अनायास प्राप्त हो जाता है। जो व्यक्ति यहां शरीर का त्याग करता है वह आवागमन से मुक्त हो जाता है। जो व्यक्ति इस महा क्षेत्र की महिमा को नहीं जानता वह भी जब यहां आता है तो निश्चित रूप से फल को प्राप्त करता है।

काशी पुरी में रहकर यदि कोई पाप भी हो जाता है तो भी काशी में प्राणों को त्यागने पर मनुष्य मुक्त हो जाता है। ऐसा व्यक्ति नरक में नहीं जाता क्योंकि मैं सदा उसके साथ होता हूं। यह पुरी ऐसी है जहां पर पाप भी पुण्य के रूप में बदल जाता है।

काशी की इस महिमा वर्णन करने के बाद भगवान् व्यासदेवजी ने कहा कि हे सूतजी! भगवान् स्कन्द ने महामुनि अगस्त्य से गंगा महिमा का वर्णन किया। भगवान् स्कंद ने कहा कि जैसे आनन्द कानन है वैसे ही अन्य स्थान भी है। वाराणसी का नाम इतना महत्त्वपूर्ण क्यों हुआ यह बताते हुए उन्होंने राजा भगीरथ का कथानक सुनाया जिसमें कपिल मुनि ने क्रोध से भस्म सगर के पुत्रों का उद्धार करने के लिए राजा भगीरथ ने गंगा की आराधना की और उन्हें धरती पर अवतरित किया। हे प्रभु! ब्रह्म श्राप के भस्म सगर के पुत्रों के उद्धार की शक्ति केवल गंगा में ही हो सकती है। यह गंगा मेरी ही एक जल रूप वाली दूसरी मूर्ति है। संपूर्ण जगतों की धात्री को मैं अपनी लीला से ही धारण करता हूं। इस त्रिलोकी में जो भी पुण्य क्षेत्र हैं, धर्म स्थल हैं और दक्षिणा में युक्त यज्ञ हैं वेद और देवता हैं। वे सभी इस गंगा के सूक्ष्म रूप से रहते हैं।

भगवान् शिव ने विष्णु को बताया कि जो पुरुष गंगा का सेवन करता है वह संपूर्ण योग के नियमों को प्राप्त कर लेता है।

कृत युग में सर्वत्र तीर्थ और त्रेता में पुष्कर ही तीर्थ है। द्वापर युग में कुरु क्षेत्र तीर्थों में शिरोमणि माना गया है लेकिन कलयुग में गंगा सबसे बड़ा तीर्थ है सत्तयुग में ध्यान की मुख्यता थी, त्रेता में तप की प्रमुखता हो गई, द्वापर में ध्यान और तप के साथ यज्ञों का प्रचलन बढ़ा और अब इस कलियुग में केवल गंगा ही उद्धार का एकमात्र साधन है।

जो व्यक्ति गंगा के तट पर रहता है वह वेदांत का ज्ञाता हो जाता है। इस तरह सब प्रकार के भक्त और भक्ति से हीन पुरुषों का भी उद्धार गंगा के द्वारा हो जाता है। महादेव ने विष्णु से कहा कि भक्त के भावों के अनुसार यह गंगा फल देती है। यज्ञ, दान, तप, योग, यम नियम के सब उतना फल नहीं देते जितना गंगा के सेवन से मिलता है। आठ अंगों के योग साधन से भी उतना फल नहीं मिलता। गंगा ब्रह्मज्ञान, आत्म-उद्धार सबका साधन है।

नारियल के अंदर की जल की तरह गंगा का जल भी विद्यमान रहता है। इस ब्रह्माण्ड में यह गंगा परब्रह्म रूपी जल है। इस प्रकार गंगा के स्थान से साक्षात् परमब्रह्म की प्राप्ति होती है। इसलिए गंगा की उपासना अवश्य ही करनी चाहिए। यह गंगा मेरे तेज की अग्नि का गर्भ रूप है और यह

मेरे ही वीर्य से संवृत है। यह सभी दोषों के दाह करने वाली और समस्त पापों का विनाश कर देने वाली है।

अपने पितृ गणों का उद्देश्य लेकर जो पुरुष घी, गुड़, और तिलों से युक्त तत्व को गंगा में प्रवाहित करता है वह अपने पितृ गणों को तृप्त करता है। सब कामनाओं की पूर्ति के लिए पुरुष को चाहिए कि गंगा का स्नान करें और शिवलिंग की पूजा करें। इन कार्यों से समस्त तीर्थों का फल प्राप्त हो जाता है। दुष्ट व्यक्ति के मन में निवास करने वाले पाप गंगा की महिमा का स्मरण करके रोया करते हैं और यह सोचते हैं कि किस तरह गंगा का प्रभाव दूर हो और हम किसी पुरुष में निवास करें। हे हरे! पूर्व जन्म में किए हुए पुण्यों के प्रभाव से ही लोभ आदि का त्याग करके पुरुष को गंगा पहुंचकर पुण्य मिलता है। जिस तरह से बिना इच्छा के भी अग्नि के स्पर्श से मनुष्य जल जाता है वैसे ही बिना इच्छा के गंगा में स्नान करने से मनुष्य की मुक्ति हो जाती है।

यह मानव इस संसार में तभी तक घूमता है जब तक वह गंगा का सेवन नहीं करता। गंगा का सेवन करने पर मनुष्य को कभी भी क्लेश नहीं सताता। इस विषय में कोई संशय नहीं है कि गंगा में स्नान करने के लिए जाने वाला व्यक्ति यदि मध्य मार्ग में मृत्यु को भी प्राप्त हो जाता है तो भी वह परम पद प्राप्त कर लेता है। इसलिए गंगा कलियुग में अभीष्ट फल देने वाली होती है। जिस तरह दिव्य औषधियों से भयंकर से भयंकर रोग दूर हो जाता है और सरोवर में स्नान करने से शरीर का मैल नष्ट हो जाता है, आग की एक चिंगारी से रुई का ढेर जल जाता है उसी तरह गंगा के दर्शन से सब पाप दूर हो जाते हैं। हे हरे! जो महामति पुरुष हम और आप इन दोनों में भेद का भाव नहीं रखता है वही शिव का भक्त जानना चाहिए और वही महा पाशुपात होता है। पाप रूपी पासु (धूलि कण) के लिए जोरदार आंधी, पापों के द्रुमों को काटनें वाली कुल्हाड़ी तथा पाप रूपी ईंधन के लिए दावाग्नि यह परमपुण्य वाहिना गंगा है। अनेक रूपों वाले पितृगण सर्वथा गाथा का गायन किया करते हैं कि हमारे भी कुल में कोई ऐसा गंगा का परम भक्त गंगा में स्नान करने वाला जन्म लेगा जो देवों को और ऋषियों को संतृप्त करके दीन, अनाथ और दुखियों को

श्रद्धा से विधिपूर्वक गंगा ने स्नान करके जलांजलि देगा?

इस प्रकार जो कोई व्यक्ति मुझको या आपको (शिव और विष्णु) को भेदभाव युक्त देखता है वह नरकगामी होता है क्योंकि मेरे में और आपमें कोई भेद नहीं। गंगा के जल में नक्षत्र तिथि आदि किसी की भी चिंता किए बिना स्नान करने से पाप दूर हो जाते हैं।

भगवान स्कंद ने कहा कि अगस्त्यजी! राजा भगीरथ ने अपने पितामहों का उद्धार करने के लिए महादेव की आराधना की ओर फिर उनकी आज्ञा से वे गंगा को भूमंडल पर लाए। भगवान् शंभू के आनंद कानन हरि के चक्र पुष्करिणी और ब्रह्म सुक्षेत्र लीलाधाम पर गंगा आई और सब प्रकार के पापों का नाश करने वाली बनी। यह पूरा प्रदेश गंगा के कारण ही महत्त्वपूर्ण हो गया और इसका सुख देवताओं को भी अप्राप्य है। काशी में रहने वाला व्यक्ति वेदांत को न जानने के बाद भी योग्य और सांख्य के अभाव में भी अमृत तत्व को प्राप्त हो जाता है। क्योंकि काशी में भगवान् शिव का निवास है, इसलिए उनकी भक्ति के काल रूपी कलेवर को त्यागकर भक्त अमृतमय हो जाता है।

ऐसे अनेक दुष्ट पुरुष रहे हैं जो काशी में नहाकर विष्णु भगवान् के लोक को प्राप्त हो गये हैं। यह स्थान यमराज इन्द्र और अग्नि द्वारा रक्षित किया गया है और इन्हीं देवताओं ने यहां पर दुष्टों के प्रवेश में रोक लगाई थी। देवताओं ने इस क्षेत्र को मोक्ष का क्षेत्र घोषित किया। स्वयं कृपालु भगवान् विश्वनाथ के द्वारा जिसे इस देश में आने की अनुमति मिल जाती है उसे ही देवता लोग आने देते हैं।

काशीपुरी में निवास करने पर देहधारी सुखपूर्वक देह का उत्सर्जन करते हैं। यह पुरी असि और वरणा के संयोग से वाराणसी के रूप में जानी गई। यह वाराणसी करुणा की दिव्य मूर्ति है।

यह ऐसी पुरी है जो सिद्धि प्राप्त कराने में सहायता देती है। सारे तीर्थों का वाचन करने के बाद यहां पर शरीर त्याग करके मनुष्य देवलोक में जाता है। इस नगरी में शिव के प्रभाव से सभी शरीरधारी भक्ति-भाव युक्त होकर रहते हैं। यह नदियों में श्रेष्ठ नदी गंगा के किनारे है। यह पुरी कामदेव को भस्म करने वाली भगवान शिव की परम राजधानी है। यहां

आकर महालक्ष्मी को प्राप्त करके मनुष्य स्वर्ग की ओर गमन करता है। यदि तराजू के पलड़े में एक ओर बेकुण्ठ रखा जाए और दूसरी ओर काशी तो काशी का पलड़ा भारी रहेगा। काशी के अधिकांश निवासी मेरे पार्षद माने गये हैं। शशक-मशक-बक-शुक-कलर्बिक-वुक-जम्बुक-तुरंग-उरंग-बानर और नर। हे गिरिजे! काशी में मृत्युगत होने पर ये सभी परा भूतत्व को प्राप्त हो जाया करते हैं हे गिरीन्द्रजे! अरुक्ष रुद्राक्ष फणीन्द्रों के भूषण तथा त्रिपुंड अर्धचन्द्रधारी भूमि को स्थित काशी में निवासी मेरे पार्षद ही माने जाते हैं।

काशी केवल मनुष्यों को ही सद्गति नहीं देती अपितु उसमें रहने वाले जलचर और पशु वह भगवान् की कृपा से परमता को प्राप्त होते हैं। जो भगवान् रुद्र और अंतरिक्ष में है जो भूमंडल में विद्यमान है, पूर्व पश्चिम उत्तर में स्थित है वह रुद्र है और उस रुद्र स्वरूप वाले अनेक जंतु काशी में हैं। अतः उनका उद्धार हो जाता है।

'श्म' का अर्थ है मनुष्य का शरीर (मृत शरीर) और शान का अर्थ है शयन करना अर्थात् यहां श्मशान का अर्थ हुआ महान भूत गणों का शयन-स्थल। यहां पर लय के समय में भी यह भूमि जल में लय हो जाती है और जल कंदराओं में चला जाता है। तो हरि और रुद्र से वर्जित वह प्राकृय प्रलय कहा जाता है। उसे ही महादेव कहते हैं और यह महादेव पार्वती के पति हैं और आदि और अंत से परे हैं। वे प्रलय के समय में अपनी इस पुरी को त्रिशूल की कोटि में ऊंचा उठाकर स्थित रखते हैं। इसलिए इसके कई नाम हैं। वाराणसी, काशी, रुद्रावास और आनन्दकानन।

इसके बाद स्कन्दजी ने ऋषि अगस्त्य से कहा कि आप मुझे ज्ञानवापी के विषय में बताइए। उनका कथन सुनकर भगवान् स्कन्द ने कहा कि हे मुनि; इस अनादि संसार में कभी बहुत पहले देवयुग में इधर-उधर घूमते हुए भगवान् शम्भू यहां पर आ गये थे। उस समय शाद बादल नहीं बरसते थे और उनका पानी नदियों में नहीं बहता था। चारों ओर केवल खारी जल था और यह सारा संसार सागर जंतुओं का क्षेत्र बना हुआ था। जब माथे पर जटाएं धारण करते हुए शम्भू अपनी त्रिशूल से शोभित होकर यहां आए तब उन्हें महालिंग दिखाई दिया और उन्हें लगा

कि वह महालिंग सभी तरफ से ज्योतिर्मयी मालाओं से परिवेष्टित था। उन्हें लगा कि जैसे उनका अपना स्वरूप ही सामने है। वह महालिंग देवताओं और ऋषियों के द्वारा पूजा गया और सिद्ध योगी आदि भी उसकी उपासना करते थे। उसे गन्धर्वों ने भी पूजा था। उसमें अनेक नागनियां लिपटी हुई थीं। देवांगनाओं के चमारों द्वारा वह प्रसन्न किया जा रहा था।

उस समय शिवजी की भी यह इच्छा हुई कि मैं स्वयं इस महालिंग को ठण्डे पानी से स्नान कराऊं और इसका अर्चन करूं। तब उन्होंने दक्षिण दिशा के पास ही अपने त्रिशूल से पृथ्वी खोदी और पृथ्वी के आवरण हटाकर एक कुण्ड तैयार कर दिया। वह कुण्ड जल से भर गया। तब उस अमृत के समान स्वाद वाले जल से शिवजी ने ईशान के लिंग को स्नान कराया और उसकी पूजा की। यह जल सत्पुरुषों के मन जैसा स्वच्छ था और आकाश मार्ग की तरह स्पष्ट और अन्तहीन। यह उतना ही पवित्र था जितना भगवान् शम्भू का नाम। इस गंध वाले जल में संतप्त प्राणियों की रक्षा और उन्हें पुण्य प्राप्त होता था। हृदय की अज्ञानी रूपी अंधकार नष्ट कर देने वाला यह जल भगवान् शंभू के सामने था। भगवान् शंभू ने हजार बार प्रसन्न होकर इस जल से महालिंग को स्नान कराया और फिर उनकी पूजा की। शिव के स्नान और पूजा से प्रसन्न होकर रुद्र के शरीर को धारण करने वाले ईशान उन रुद्र से बोले–मैं आपसे प्रसन्न हूं और मैं आपके कर्म से आपके प्रेम से भर गया हूं, आप कोई वरदान मांग लो।

ईशान ने कहा कि हे देव यदि आप मुझ पर प्रसन्न हैं तो हे शंकर यह स्थान आपके ही शुभ नाम से एक अनुपम और अतुल तीर्थ हो जाए। भगवान् विश्वेश्वर ने कहा कि इस त्रिलोकी में जो भी भूः भव स्वः में स्थित तीर्थ है वह शिव तीर्थ के रूप में जाना जाएगा। शिव शब्द का अर्थ चिन्तन करने वाले लोग शिव को भी ज्ञान मानेंगे। अतः यह तीर्थ ज्ञानोद नाम से तीनों लोकों में प्रसिद्ध होगा। यहां आने मात्र से मनुष्य पापों से मुक्त हो जाएगा।

गुरुवार को शुक्ल पक्ष की अष्टमी तिथि में समय रहने पर जो यहां श्राद्ध करेगा उसे करोड़ गुणा फल प्राप्त होगा। यहां इस तीर्थ में तिल आदि के द्वारा दान करने से उस फल में और भी वृद्धि हो जायेगी। यह शिव

लोक सबको आनन्द देने वाला माना जायेगा। कुरुक्षेत्र में सूर्य के उपराग के अवसर पर पिण्ड दान से जो फल मिलता है वह ज्ञानोद तीर्थ में एक दिन में ही प्राप्त हो सकता है। जो व्यक्ति यहां एकादशी उपवास करके तीन चुल्लू जल का दान करता है वह अपने पितृगणों को उतने में ही तृप्त कर देता है। इसे मोक्ष तीर्थ कहा जाता है।

इस तीर्थ में ही ज्ञानरूप वाला हूं और जड़ता का नाश करता हूं। भगवान् शंभू को ईशान से यह वरदान मिला और उन्हें निवृत्ति प्राप्त हो गई। त्रिशुल धारण करने वाले भगवान् रुद्र अपने को धन्य मानने लगे। इस प्रकार ज्ञानवापी तीर्थ बहुत माहात्म्य और तत्वदाता तीर्थ है। यहां पर तीन भागों में गमन करने वाली गंगा की खोज करते हुए भगवान् हरि अपने गणों और भक्तों को मुक्ति का मार्ग दिखाते हैं। महान् बुद्धिशाली लोग इस ज्ञानवापी और मणिकर्णिका तीर्थ में यमराज को भी तुच्छ मानते हैं। यहां पर हरिश्चन्द्र ने अपने को पत्नी सहित बेच डाला था। यह वही पावन भूमि है और मनुष्य को मुक्ति दाता है।

यहां पर एक कपाल मोचन नाम का तीर्थ है और वह भी परम पावन होता है। यहां पर भैरव के हाथ से विधाता का कपाल गिर गया था। जिस तीर्थ में स्नान किए हुए नरोत्तम तीनों प्रकार के ऋणों से मुक्त हो जाया करते हैं इसीलिए विशुद्ध को उत्पन्न करने वाला यह ऋण मोचन तीर्थ है। वह पंचायतन से युक्त अद्‌भुत ॐकारेश होता है। अकार, उकार, मकार, नाद और पांचवां बिन्दु इस तरह से यह पंचामक अर्थात् पांच के स्वरूप वाला परम ब्रह्म जहां पर नित्य ही प्रकाश किया करता है।

मत्स्योदरी नाम का तीर्थ बहुत सुन्दर तीर्थ है जिसमें स्नान करके जन्मों के आवागमन से मुक्ति मिल जाती है। इस प्रकार काशी तीर्थ भक्त की कामनाओं की पूर्ति करने वाला है और श्रद्धा से इस तीर्थ के दर्शन करने के बाद मनुष्य देववत् हो जाता है। यह विनायकेश्वर रूप में सब सिद्धियों का प्रदान करने वाला है। वाराणसी देवी भी परम शुभ ओर साक्षात् देवी है। यहां पर पार्वतीश्वर लिंग का महान आयतन है जहां शिवा विराजमान रहते हैं। यज्ञेश्वर नाम के यज्ञों के द्वारा इस शिवलिंग की स्थापना की गयी है और यहीं पर पुराणेश्वर नाम का 18 अगुल वाला

प्रमाण लिंग है जिसमें दर्शन मात्र से पुण्य उदित हो जाते हैं।

मनुष्य के लिए आत्मा ही सबसे अधिक जानने योग्य तत्त्व है। आत्मज्ञान प्राप्त करना सबसे बड़ी सिद्धि है। आत्मा का ज्ञान और फिर उससे मुक्ति योग के बिना नहीं होती। योग चिरकाल तक अभ्यास करने से होता है। केवल अरण्य में अपना आश्रय बना लेने मात्र से भी योग सिद्ध नहीं हुआ करता है। दोनों से व्रतों से तपश्चर्याओं और मखा से भी योग की सिद्धि नहीं है। यह योग पद्मासन बांधकर बैठने से भी सिद्ध नहीं होता और नासिका के अग्र भाग के देखने से भी योग की संसिद्धि नहीं होती है। शोच, मोन, व्रत और मन्त्रों के समाराधन आदि से यह योग सिद्ध नहीं होता है। अभियोग से अर्थात् सभी ओर से मन हटाकर एकनिष्ठ वृत्ति के करने से निरंतर उसका ही अभ्यास करने से पूर्ण रूप से निश्चय करने से तथा बारम्बार निर्वेद से ही इस योग की सिद्धि हुआ करती है। अन्य किसी भी प्रकार से यह कभी भी सिद्ध नहीं होता है।

योग एक प्रकार का ब्रह्म रूप होता है। ब्रह्म स्वयं संवेद्य होता है अर्थात् उसका सुख अनुभव अपने ही अन्दर रुका रहता है। जो योगी नहीं होता वह ब्रह्मानन्द को प्राप्त नहीं कर सकता। यह परम ब्रह्म आनन्द बहुत सूक्ष्म होता है। जिस तरह वायु से हिला-डुला जल स्थिर नहीं रहता उसी तरह से मनुष्य का मन होता है। इस चंचल मन का कभी विश्वास नहीं करना चाहिए। इसीलिए प्राणायाम करते हुए योग साधना करनी चाहिए। वायु का निरोंध करने के लिए छः अंगों वाले योग का अभ्यास करना चाहिए। ये छः अंग हैं—आसन, प्रणायाम, प्रात्याहार, धारणा, ध्यान और समाधि।

योग के अभ्यासी को स्वयं भी कैसा होना चाहिए? इस पर विचार किया जाना चाहिए। योगी चिन्ता से युक्त न हो और शांति अवस्था में हो। योगी को चाहिए कि पद्मासन लगाकर अपने वक्षस्थल से मुख को ऊपर करके आंख मूंद कर तालू में स्थित जीभ को बन्द करके एकदम निश्चल हो जाये और अपना आसन भी अधिक ऊंचा नीचा न रखे। फिर मध्यम और उत्तम प्राणायाम करना चाहिए। क्योंकि जब तक इस शरीर में प्राण रहता है तभी तक शरीर है। इसीलिए बड़े-बड़े योगी प्राणवासु का नियंत्रण करके सिद्धि को प्राप्त होते हैं।

प्राणायाम तीन प्रकार के होते हैं—मन्द, मध्यम और उत्तम। मन्द प्राणायाम बारह मात्रा वाला और मध्यम चौबीस मात्रा का और उत्तम इससे तिगुना होता है। उत्तम प्राणायाम में छत्तीस मात्राएं होती हैं और इस प्रकार का प्राणायाम कम्पन्न उत्पन्न करता है। पहले में योगी स्वेद पर विजय प्राप्त करें, दूसरे में कम्पन पर और तीसरे में विषाद पर तभी यह सच्चा योगी होता है।

प्राणों की योग साधना क्रम से करनी चाहिए। हमारे भीतर 36 अंगुल के रूप वाला हंस भीतर से बाहर प्रयाण करता है। जैसे धीरे-धीरे हाथी को पालना चाहिए और फिर उसे आदेश देना चाहिए वैसे ही व्यवहार प्राणवायु के संदर्भ में किया जाना चाहिए। जब संपूर्ण नाड़ी चक्र शांत होता हुआ शुद्ध होता है उस समय प्राणों का निरोध समर्थ होता है। इसलिए व्याकुलता में प्राणायाम नहीं करना चाहिए।

नाड़ियों के शोधन से जिस प्रकार वायु का इष्ट प्राप्त होता है अग्नि प्रज्वलित होती है और मन निरोग होता है इसी तरह प्राणवायु में स्वयं को बांधना ही योग होता है। प्राणायाम का अर्थ है—देह में गई हुई वायु को बन्धित कर दिया जाए। इस तरह धीरे-धीरे प्रत्याहार के द्वारा अपने पापों को नष्ट करना चाहिए और जब पाप नष्ट हो जाएं तो फिर धारणा के द्वारा मन में ईश्वर के दर्शन करने चाहिए। फिर ईश्वर के ध्यान में निमग्न होकर समाधि के द्वारा मोक्ष प्राप्त करनी चाहिए।

समाधि से परे एक आत्म प्रकाशक अनन्त ज्योति होती है। उसके दर्शन से सम्पूर्ण क्रिया काण्ड से मनुष्य मुक्त हो जाता है। यह पवन गर्भ ज्योति महान ध्वनि उत्पन्न करती है। यह घण्टा आदि वाद्यों में भी होती है। इस ध्वनि के साथ संयोग होने पर प्रणायाम से सभी रोग दूर हो जाते हैं।

मनुष्य के नाभि देश में सूर्य का निवास होता है और तालु देश में चन्द्रमा का। चन्द्रमा अधोमुख होकर वर्षा करता है और सूर्य ऊर्ध्व मुख होकर रहता है। इसका विपरीत रूप केवल योग या अभ्यास से ही हो सकता है। तालु के छिद्र से रसना को ऊपर रखकर योगी अमृतत्व को प्राप्त करता है।

योगाभ्यास करने वाला योगी अपने में अणिमा आदि आठ सिद्धियों के गुणों को जन्म दे देता है। जिस योगी का शरीर नित्य योग्य से पूर्ण

होता है उसे यदि तक्षक भी काटे तो प्रभाव नहीं होता। योगी को चाहिए कि अपने हृदय में पांचों भूतों को अलग-अलग रूप से धारण करे और फिर निश्छलता से अपने आपको धारण में लगाए। योगी के मन में नित्य भगवान् सदाशिव विराजमान रहते हैं और योगी उनके साथ रहता है। पांच घड़ी तक प्राणों को ध्यान से जोड़ता हुआ योगी धारण पर पहुंच जाता है। इस रीति में स्तम्भनी, प्लावकी, दाहिनी और भ्रामणी और शमनी नाम वाली पांच धारणाएं होती इनसे योगी चिन्तन करता है और चित्त को अन्तर्मुख और नेत्र बहिर्मुख व्यवस्थित करके मन और शरीर का समत्व बनता है। यह ध्यान की मुद्रा होती है। इस ध्यान मुद्रा से योगी को बहुत पुण्य प्राप्त होता हैं। शब्द आदि की तन-मात्रा तक कानून में स्थित है तभी यह ध्यान बना रहता है। इसके बाद ध्यान समाधि की अवस्था की ओर जाता है। धारणा पांच नाड़ी वाली है और समाधि 12 दिन की होती है और ध्यान 7 नाड़ियों वाला होता है।

जिस समय प्राण आत्म में लीन होता है वह समरसता की स्थिति होती है। यहां पर इसे समाधि कहा गया है जहां जीवात्मा और परमात्मा का समत्व हो जाता है यहां ठण्डे और गर्म का भेद नहीं होता। समाधिष्ठ योगी को तो आत्म और अनात्म का ध्यान भी नहीं रहता। सुख-दुख का ज्ञान समाप्त हो जाता है। शास्त्र-अस्त्रों से भी उसे नहीं काटा जा सकता।

ब्रह्म को जानने वाले लोग मन और वाणी से अगोचर विज्ञान और आनन्द स्वरूप ब्रह्म को जानते हैं। लेकिन जो योगी है वह निरालम्भ, निरामय परब्रह्म में लीन हो जाता है। योगी को सामान्य नमक आदि की वस्तुएं खानी समाप्त कर देनी चाहिए। क्योंकि योगी योग की सिद्धि का पूर्ण अधिकारी होता है। अतः वह नाड़ियों के जाल की शुद्धि करके चन्द्रमा और सूर्य के घटन पर रसों का शोषण करता हुआ महामुद्रा को प्राप्त होता है। ऐसे योगी को चाहिए कि वह चन्द्रमा के भाग में पहले फिर सूर्य के भाग में अभ्यास करके तुल्य संख्या तक वैसे ही रहे और फिर मुद्रा का विसर्जन करें। रस और नीरसता आती-जाती रहती है। क्षय अजीर्ण तथा अन्य व्याधियां योगाभ्यास से समाप्त हो जाती हैं। खेचरी मुद्रा का अभ्यास करने वाला पुरुष आकाश में संचरण करता है। आकाश में गई हुई जीभ आकाश में ही संचरण

करती है। इसलिए इस मुद्रा का नाम खेचरी कहा गया।

इसके आगे भगवान् स्कन्द ने कहा कि हे मुनि, भगवान् भास्कर के काशी पुरी में जाने पर और मंदिर गिरि के पास स्थिर होने पर भगवान् बहुत चिंतित हुए कि यहां योगिनियां क्यों नहीं आती और सूर्य भी ठीक तरह से उदित नहीं होता है। उन्होंने सोचा कि मैंने तीनों जगतों पर विजय प्राप्त करने वाले कामदेव को भस्म कर दिया था लेकिन यह काशी नगरी मुझे चंचल बना रही है। इस काशी की प्रवृत्ति को खोजने के लिए मैं किसके पास जाऊं। केवल एक ब्रह्म ही है जो इस विषय में बता सकता है। इसलिए उन्होंने विधाता का आह्वान किया। बहुत मानपूर्वक ब्रह्माजी को बिठाकर उन्होंने पूछा कि हे भगवान् पहले मैंने योगनियों को भेजा और फिर इसके बाद भास्कर को भेजा किन्तु वे लौटकर नहीं आए। हे देवों के ईश, यह काशी नगरी मेरे मन में बहुत प्रश्न पैदा कर रही है। जैसे कोई चंचल नेत्रों वाली साधारण मनुष्य के हृदय को चंचल कर देती हैं। मैं मंदराचल पर भी बहुत अधिक नहीं रमता। मैंने जब हालाहल पिया था जब भी मुझे कोई बाधा नहीं आई थी। लेकिन इस काशीपुरी के वियोग से मेरा मन व्याकुल हो रहा है। आप सब कुछ जानते हैं और आप ही इस विषय में कुछ कीजिए।

आप वाराणसी चले जाइए, यह सुनकर भगवान् शम्भु की आज्ञा से ब्रह्माजी अपने सफेद हंसों वाले रथ पर बैठकर वाराणसी पहुंच गए। वहां पहुंचकर उन्होंने अपने आपको परम धन्य समझा और यह भी सोचा कि हंसो के यान का वास्तविक फल मुझे आज मिला है। और काशी की प्राप्ति में बहुत विघ्न कहे गये हैं लेकिन मैं बहुत सरलता से यहां आ गया हूं।

ब्रह्माजी ने अपना एक ब्राह्मण का रूप बनाया और राजा के पास गये। राजा ने अपने हाथों में जल ग्रहण करके अक्षत के साथ ब्राह्मण का स्वागत किया और ब्राह्मण ने उन्हें आशीर्वाद दिया। राजा ने स्वयं उठकर ब्रह्माजी को आसन प्रदान किया। फिर ब्राह्मण ने राजा से कहा हे भूपाल! मैं बहुत काल का हूं और यहां पर मैं चिरकाल से निवास करने वाला हूं। आप तो मुझको नहीं जानते हैं। मैंने सैकड़ों से भी अधिक राजाओं को देखा है जो बहुत अधिक दक्षिणा देने वाले हुए हैं और जिन्होंने अनेक संग्रामों में विजय प्राप्त की है तथा जो याजक और जितेन्द्रिय हुए हैं।

हे राजा, मैंने बहुत से राजाओं को देखा है जो सुन्दर वीर रहे हैं। किन्तु जो गुण आप में हैं उन गुणों पर मेरी दृष्टि नहीं गई है। आप अपनी प्रजा को अपने परिवार के रूप में देखते हैं। यहां पर मैं आपकी पूजा करता हूं और मैं आपकी सहायता चाहता हूं। यह भूमि जो ऋषियों का आधार है आपके ही द्वारा परम धन्य हुई है। आपके लिए मौन ही बहुत बड़ा धन है। आपकी राजधानी इस भूमण्डल में परम श्रेष्ठ है। आपकी काशीपुरी इतनी महिमावान है कि सम्पूर्ण ज्ञान वाले शम्भु ही उसे जान पाते हैं।

यह नगरी तीनों वेदों और तीनों भुवनों का सार रूप है। इस परम पावन पुरी का आप पालन करते हैं। अब मैं आपके एक हित की बात बताता हूं। हे राजन्, परम ब्रह्म विश्वनाथ को प्रसन्न करना चाहिए। यह सुनकर राजा उससे बोले कि आपने जो कुछ भी कहा वह मैंने सुन लिया है। मैं आपका दास हूं। आप मेरे इस संपूर्ण कोश को लेकर यज्ञ कर सकते हैं। आप यज्ञ कीजिए, मैं आपकी सहायता करूंगा। राजा ने आगे कहा कि हे ब्राह्मण इस राज्य में मेरा थोड़ा सा भी स्वार्थ नहीं है। देहधारी लोग देह के द्वारा दूसरों का उपकार करते हैं। राजा का सबसे बड़ा तीर्थ अपनी प्रजा का पालन करना ही है। प्रजा से उठने वाला कोई भी संताप राजा को आग से अधिक जलाने वाला होता है। जो प्रजा दुखी रहती है उसमें राजा भी सुख से नहीं रह सकता। हे ब्राह्मण, मैं इस विषय में जागरूक रहा हूं कि ब्राह्मण नाराज न हो और आप यहां आए हैं आज्ञा दीजिए में क्या करूं।

राजा के मुख यह सुनकर ब्राह्मण ऋषि ब्रह्मा बहुत प्रसन्न हुए और उन्होंने राजा दिवोदास की सहायता प्राप्त करके काशीपुरी में दस अश्वमेधों के द्वारा यज्ञ किया। इसलिए वहां पर दशाश्वमेध का तीर्थ स्थापित हो गया। तभी से यह तीर्थ वाराणसी में विद्यमान है। पहले इसका नाम रुद्र सर तीर्थ था और फिर दशाश्वमेध हो गया।

यहां पर ब्रह्माजी ने दशाश्वमेध नाम के शिवलिंग की स्थापना की और स्वयं भी वहीं पर रहने लगे। जब वे फिर से महादेव के पास आए तो उस राजा के विषय में कुछ नहीं कहा गया। यह निश्चित है कि काशीपुरी भगवान् विश्वनाथ का ही दूसरा रूप है।

ऋषि अगस्त्य ने कहा कि मैंने आपके द्वारा कही गयी अनेक पापों

का नाश करने वाली कथाओं का श्रवण किया है किन्तु मन नहीं भरता। मैं आपसे और कुछ सुनना चाहता हूं। आप कृपा करके त्रिलोचन या त्रिविष्टपी कथा को सुनाइए और यह भी बताइए कि यह कथा भगवान् महादेव ने तुमसे कैसे कही। भगवान् स्कंद बोले कि एक व्रजा नाम वाला पीठ स्थल है और वहां पर त्रिविष्टप नामधारी लिंग की स्थिति है। उस पुण्य पीठ में दर्शन कर लेने से ही मनुष्य विरज हो जाता है। वहां पर तीन नदियों की संगत हुई है। ये तीनों ही नदियां पापों को दूर करने वाली हैं। इन तीनों सरस्वती, कालिन्दी और नर्मदा नदियों द्वारा सत्वित होकर त्रविष्टप लिंग विराजमान होता है। इन नदियों के किनारे स्थापित शिवलिंगों के दर्शन से और उनमें स्नान करने से परम पुण्य फल प्राप्त होता है। सरस्वतीश्वर नाम वाला लिंग त्रिविष्टप से दक्षिण दिग्भाग में है। यह लिंग ऐसा प्रभाव वाला है कि इसका दर्शन और स्पर्शन करने पर जड़ता का हरण कर सारस्वत पद प्रदान किया करता है। यमुनेश्वर नामक लिंग पश्चिम दिशा में है जो मनुष्यों के द्वारा भक्ति भाव से समर्पित होता है। इस लिंग की अर्चना से जो किल्विष वाले हैं उनके भी यमलोक निवारण हो जाया करता है। भगवान् त्रिलोचन से पूर्व दिशा में श्रेय प्रदाता नर्मदेश प्रभु हैं। इनकी अर्चना करने से मनुष्यों का मोक्ष होता है और फिर जननी के उदर से गर्भवास कभी नहीं हुआ करता है। विविष्टिप के समीप में जो पिलपिला तीर्थ है उसमें स्नान करके और भगवान् त्रिलोचन लिंग के दर्शन कर फिर क्या चिन्ता का विषय रह जाता है अर्थात् कुछ भी नहीं रहा करता है। त्रिविष्टिप लिंग के स्मरण कर लेने से भी त्रिविष्टप का स्वामी ही पाया जाया करता है इसमें कुछ भी विचारणा नहीं करनी चाहिए। त्रिविष्टप के दर्शन करने वाले स्त्रष्टा हो जाया करते हैं इसमें संशय नहीं है। ये ही लोग कृतकृत्य हैं और ये लोग महा बुद्धिमान हैं।

जो लोग काशीपुरी में त्रिलोचन लिंग की पूजा करते हैं और सब तरह के व्रतों का पालन करते हैं और पाशुपत व्रत करते हैं वे मुक्त हो जाते हैं। महापापी पुरुष कृतघ्न विश्वासघाती भ्रूण हत्या करने वाला, माता-पिता का अपमान करने वाला मनुष्य भी त्रिलोचन लिंग को नमस्कार करके पापों से दूर हो जाता है।

श्री व्यासजी ने कहा कि हे सूतजी! जिस प्रकार से मेरा भविष्य ऋषि अगस्त्यजी से भगवान् स्कन्द जी ने कहा था अब आप उसको सुनिए। भगवान् स्कन्द ने कहा था हे मुनिवर हे पाराशर के पुत्र आप मोह-प्राप्ति की कथा सुनिए। एक समय की बात है कि श्रीमान मुनिश्वर इस पृथ्वी पर घूम रहे थे। घूमते-घूमते वे नैमिषारण्य वन में पहुंच गये। वहां बहुत सारे मुनि पहले ही रहते थे। उनका धन एक ही था–तप करना। उनके गले में रुद्राक्ष की मालाएं थीं। ये सब भगवान् शिव की आराधना करते थे। वे जानते थे कि महादेव के समान कोई दूसरा देव नहीं हैं। भगवान् व्यास ने गिरीश के रूप में तल्लीन उन मुनियों को देखकर कहा कि मैंने सब तरह से निश्चित करके एक बात समझ ली हैं कि श्री हरि का सेवन करना चाहिए। श्री हरि के समान और दूसरा नहीं है। भगवान् अच्युत ही महान् हैं, लक्ष्मी स्वामी हैं और सब कुछ देने वाले हैं। उनके अतिरिक्त और कोई भी देव इस लोक में भुक्ति और मुक्ति दोनों का प्रदान करने वाला नहीं है। इसलिए सुख की इच्छा रखने वाले पुरुषों के द्वारा चतुर्भुज भगवान् की नित्य सेवा करनी चाहिए जो अल्प बुद्धि वाले लोग भगवान् केशव को छोड़कर अन्य देव का सेवन किया करते हैं वे इस गहन संसार चक्र में पुनः-पुनः प्रवेश किया करते हैं। सर्वेश ऋषीकेश एक ही पर से भी पर देव है। निरंतर उनका सेवन करते हुए पुरुष तीनों जगतों का सेव्य हो जाया करता है। भगवान् विष्णु एक ही धर्म के प्रदान करने वाले हैं और यह हरि एक ही बहुत से अर्थों के दाता हैं। भगवान् चक्रधारी प्रभु कामनाओं के दाता हैं और अच्युत प्रभु एक ही मोक्ष प्रदान करने वाले हैं। नैमिषारण्य निवासी मुनि ने श्रीव्यास देव के इस वाक्य का श्रवण करके वे सब प्रकंपित हृदय वाले हो गये थे और उन्होंने यह वचन कहा था।

हे मुनि आप धर्म, अर्थ, काम, मोक्ष के विषय में जानते हैं। आप सत्यवती के पुत्र हैं। आप स्वयं वाराणसी में जाकर देखिए जहां भगवान् स्वयं विद्यमान हैं। उन मुनियों की बात सुनकर व्याजी अपने एक हजार शिष्यों के साथ वहां आए। वाराणसी में आकर उन्होंने पहले पंचनद तालाब में स्नान किया और फिर माधव देव की अर्चना करके वहां पांच रात्रियों तक निवास किया। वहां उन्होंने जो कुछ देखा उससे व्यास देव जी बहुत

प्रसन्न हुए और तरह-तरह से भगवान् के विभिन्न नाम लेकर उसकी जय बोलने लगे। व्यास देव जी परम ज्ञाता तो थे ही उन्होंने सुन्दर वेणु वादन सुना और स्वयं फिर गान करने लगे, लेकिन जैसे ही वे यह कहते हुए कि श्री हरि का सेवन करना चाहिए अपनी दाहिनी भुजा उठाकर अपनी प्रतिज्ञा दोहराने लगे वैसे ही उनका हाथ स्तंभित हो गया और उनकी वाणी भी रुक गयी। तब वहां विष्णुजी आये और उन्होंने कहा कि हे व्यास तुमने यहां मुझे भी कठिनाई में डाल दिया है। मैं शिव के कारण ही चक्रधारी बना हुआ हूं। उन भगवान् शम्भु ने भी मुझे त्रिलोक की रक्षा और पालन करने का भार दिया है। यदि तुम मेरा और अपना भला चाहते हो तो उन्हीं का अर्चन और पूजन करो। इस पर व्यासजी ने कहा कि हे प्रभु आप मेरे गले की नाड़ी का स्पर्श कीजिए तभी तो मैं भवानी के पति का पूजन कर पाऊंगा। भगवान् विष्णु यह सुनकर और छिपे-छिपे ही उनके गले का स्पर्श करके चले गये और फिर व्यासजी ने शिव का आराधन प्रारंभ किया।

उन्होंने कहा—इस विशाल ब्रह्माण्ड में एक रुद्र ही सभी देवताओं के महान् देव हैं। ब्रह्म एक ही है लेकिन वह अपनी इच्छा से विभिन्न रूपों में रहता है। जो पूर्ण ब्रह्म है वही महेश है कालकूट पीने वाला महेश ही पूर्ण ब्रह्म है। उन्होंने ही कामदेव को जला दिया था। विष्णु ब्रह्मा कोई भी पूरी तरह से उनको नहीं समझ पाते तो मेरे जैसी छोटी बुद्धि वाला उन्हें कैसे जान सकता है।

इस चराचर ब्रह्माण्ड में सर्जन पालने वाला उन्हें कैसे जान सकता है। अनादि और अनन्त भगवान् शिव हैं और मैं उन्हें नमस्कार करता हूं।

इस प्रकार से जब तक व्यास देव शम्भु को स्तुति कर रहे थे तब तक शंभु की दृष्टि के प्रसाद से नन्दी ने उन महर्षि की बाहु के स्तम्भन का त्याग कर दिया था और बार-बार मुस्कराते हुए कहा था, आप ब्राह्मणों के लिए नमस्कार है। नन्दिकेश्वर ने कहा—हे व्यास! यह स्तन महान् पुण्यमय है जो आपने अभी तक किया है। जो भी कोई मेधावी इस स्तोत्र को पढ़ेगा उससे भगवान् शंकर बहुत प्रसन्न होंगे।

अवन्ती खण्ड

महाकाल प्रभु प्रजाओं को उत्पन्न करने वाले देव से भी पूजित माने गए हैं। उनसे उमा देवी ने कहा कि हे देवेश्वर इस पृथ्वी पर जिनते भी तीर्थ हैं और जिनमें श्रद्धा रखने से मनुष्य का मन पवित्र होता है उनके विषय में विस्तार से बताइए।

यह सुनकर महाकालेश्वर भगवान् ने कहा कि सारे लोकों में परम पवित्र गंगा नदी है जिसकी देव, गंधर्व, और मुनि उपासना करते हैं ओर इसके अतिरिक्त सूर्य की पुत्री यमुना है जो बड़े से बड़े पाप को भी नष्ट कर देती है। चांद्रभागा, वितस्ता, नर्मदा आदि अन्य नदियां हैं। इसके साथ अमरकंटक, कुरुक्षेत्र और प्रभास क्षेत्र, नैमिषारण्य, पुष्कर केदार तीर्थ हैं। और महाकाल वन है। उसका क्षेत्र एक योजन पर्यन्त है यह स्थान प्रलय में भी नष्ट नहीं होता।

उमा देवी ने कहा कि आप इस क्षेत्र और शिवलिंग की कथा सुनाइए।

महादेव ने कहा यह क्षेत्र सबसे आदि में रचा जाने वाला क्षेत्र है। मेरु पर्वत पर रत्नों से चित्रित शिखर पर ब्रह्मा का यह राजभवन है। वहां पर शोभा में युक्त कांतिमान सभाभवन है जिसमें दर्पणों से युक्त स्तंभ हैं। यह स्थल बहुत महत्त्वपूर्ण है यहां जो अपने प्राणों का त्याग करता है उसका दोबारा जन्म नहीं होता। यह भगवान् रुद्र को अत्यंत प्रिय है।

व्यासजी ने पूछा कि अग्नि की उत्पत्ति के विषय में आप बताइए। तब सनत्कुमार ने उत्तर दिया सबसे पहले अव्यक्त आदि का सृजन हुआ और फिर एक अंड उत्पन्न हुआ। फिर ब्रह्मा आविर्भूत हुए। अनेक वर्षों के तप के बाद भूर्भुवः स्वाहा श्रुति का कथन हुआ फिर इस श्रुति के योग से मन में अग्नि की उत्पत्ति हुई। यह अग्नि उत्पन्न होते ही नीचे गिर गया और जब पृथ्वी को जलाने लगा तो ब्रह्मा ने उसे भूमि से ऊपर उठाया और तभी से यह ऊर्ध्व ज्वाला, वाला हो गया। जब ऐसा हुआ तो अग्नि ब्रह्माजी

से बोली—हे देव, मुझे आपने पृथ्वी को जलाने से क्यों मना कर दिया? मैं तो भूख से पीड़ित था। मुझे आप आहार प्रदान कीजिए। उसके यह कहने पर ब्रह्मा ने अग्नि को अपने रोम दे दिए। इसके बाद भी उसकी तृप्ति नहीं हुई तो धीरे-धीरे ब्रह्माने अपना सर्वस्व उसे दे दिया। फिर भी जब उसकी तृप्ति नहीं हुई तब उन्होंने उसके दो भाग कर दिए। फिर दोनों भाग अपने आहार की मांग करने लगे। फिर उन्होंने तीन भाग कर दिए तब उनमें से एक भाग रुद्र की शरण में गया। शेष दो अग्नि हो रहे थे तो ब्रह्मा ने उनसे कहा—कि तुम काम से अविभूत पुरुषों के देहों का भक्षण करो और कहा कि तुम देह के भीतर और बाहर और मुनियों के आश्रम में अपनी वृत्ति ग्रहण करो। फिर उस अग्नि को अकाराग्नि रूप में खाए हुए अन्न को दग्ध करने का काम सौंपा गया।

उकाराग्नि को गिरि दुर्ग आदि में स्थिर किया गया और मुखग्नि को बड़वाग्नि के रूप में स्थापित किया गया। उस अग्नि को यह भी कहा गया कि तुम द्विजातियों की परम संस्कार युक्त भाषा को प्रकाशित करो इसलिए द्विज सुसंस्कृत होकर ही यज्ञ आदि करते हैं। उन्होंने अकाराग्नि को फिर बुलाया और उसे कहा कि तुम्हारा स्थान तेजोमय रवि का स्थान होगा और तुम्हें अनिमेष कोई भी नहीं देख पाएगा। फिर इकार अग्नि को ब्रह्माजी ने सौभ्य दृष्टि दी और उसे श्वेत किरणों से संपन्न चन्द्रमा का रूप दिया फिर उकराग्नि को बुलाया और अपने सिर में प्रतिष्ठित करके अपना पांचवां मुख बना लिया। इसके बाद भावाग्नि रूप से आकर अपने लिए स्थान की मांग की।

व्यासजी ने कहा कि किस प्रकार से महाकाल वन में निवास करना चाहिए? क्या पुरुषों और स्त्रियों को साथ निवास करना उचित है?

यह सुनकर सनत्कुमार ने कहा कि भक्ति तीन प्रकार की होती है मन वाणी और शरीर से उत्पन्न। लोकिकी, वैदिकी और आध्यात्मकी। रुद्र की भक्ति मानसी भक्ति कही जाती है। अपनी इन्द्रियों को जीतकर जो रुद्र की भक्ति करता है वह कायिकी होती है इसमें उपवास और नियम भी होते हैं गन्ध मालाएं, घृत तथा अन्य प्रकार के भोज्यों और अक्षतों से पूजा करने वाली लौकिकी शिवभक्ति कही गई है। वेद मन्त्रों के द्वारा

हवन की क्रिया को वैदिक पूजा कहा गया है। वैदिकी भक्ति में पूर्णमासी में हवन करके दक्षिणा आदि दी जाती है तथा अग्नि, वायु, भूमि, आकाश आदि को ध्यान में रखकर किया गया कर्म दैवत कर्म कहा जाता है। आध्यात्मिकी रुद्र की भक्ति भी तीन प्रकार की होती है सांख्यिकी में चौबीस तत्व होते हैं और ये सब अचेतन भोज्य हैं। चेतन केवल एक पुरुष है जो पच्चीसवां है और यही चेतन पुरुष भोक्ता होता है। भगवान् रुद्र छब्बीसवें हैं वे कर्ता और सर्वज्ञ हैं वह अजन्मा, नित्य, अव्यक्त है। नित्य कारण और महेश्वर है। पहले तत्त्वों का सर्ग होता है फिर त्रिगुणात्मक सत्व, रज तम स्वरूप वाला भूत सर्ग होता है। रुद्र में सब जगह कृतत्व हैं और पुरुष में अकृतत्व। इस प्रकार से यह तत्व ज्ञान आध्यात्मिक भक्ति मानी गयी है। यौगिकी भक्ति में प्राणायाम प्रमुख है। इन्द्रियों को जीतकर प्राणायामी मनुष्य जो भक्ति करता है वह मानसी रुद्र भक्ति होती है। इस प्रकार व रुद्र का परम भक्त हो जाता है पर इस क्षेत्र में ममता से रहित अहंकार से शून्य संगहीन अपने बंधुओं में भी स्नेह न रखने वाले मिट्टी और सोने को समान समझने वाले सांख्य को जानने वाले विप्र महाकाल वन में निवास करते हैं।

ये सभी विप्र मृत्यु के बाद मोक्ष को प्राप्त हो जाते हैं। प्रपंच में फंसे मनुष्य ही दुबारा जन्म लेते हैं और गृहस्थ धर्म का विधान करने वाले वेदोक्त विधि से मंत्रों का उच्चारण करते हुए स्तोत्रों से नियंत्रित रहते हैं।

इस कथा के बाद व्यासजी ने पूछा कि यह क्षेत्र तीर्थ रूप में कैसे सम्मानित हो गया? इस पर सनत्कुमार जी ने कहा कि पुराने समय में कोई एक रूपधारी विद्याधरों का पति था। उसने पारिजात के फूलों की एक माला बनायी। उसे लेकर वह इन्द्र की सभा में गया। वहां उसने मेनका को नृत्य करते हुए देखा। उसने वह माला मेनका को दे दी। मेनका उस माला से अत्यधिक मोह में ग्रस्त हो गई। इस पर देवराज इन्द्र कुपित हो गए और उस रूपधारी को धरती पर जाने का शाप दे दिया। यह सुनकर वह बोला—हे देवा! यह कार्य अज्ञानवश हो गया है, आप प्रसन्न होइये। इस पर इन्द्र बोले कि तुम अभी अवन्तीपुरी में चले जाओ। वहां एक गांगरी गुहा है यह तीर्थ उसके उत्तर में विद्यमान है। तुम वहां जाकर भक्ति भाव

से स्नान करना। इन्द्र के द्वारा आदेश पाकर वह विद्याधर वहां आ गया। उसने उस तीर्थ में स्नान किया। यहीं पर वह विद्याधरों का स्वामी हो गया।

इसके बाद सनत्कुमार ने कहा कि अब मैं मर्कटेश्वर तीर्थ में विषय में बताता हूं। यह अनुपम तीर्थ है। इस तीर्थ में स्नान करने से सौ गौओं के दान का फल मिलता है। वहां पर उड़द और मसूर साथ-साथ कूटने पर तथा खिलाने पर बालक निरोग होते हैं। वहां शीतला देवी के प्रसाद से मनुष्य के पुण्यों का उदय होता है।

अब तुम महाकाल की यात्रा के विषय में सुनो। भगवान् रुद्र के तालाब में स्नान करके और कोटीश्वर शिव का दर्शन करके ही महाकाल के लिए प्रस्थान करना चाहिए। उसके बाद मनुष्य कपाल मोचन की यात्रा करें। यह तीर्थ सब पापों को नष्ट करने वाला है। इसके बाद कपिलेश्वर को प्रणाम करके मनुष्य को अपने पाप धो लेने चाहिए। इसके बाद हनुमतेश्वर देव की ओर जाना चाहिए। उसके बाद पिप्पलाद महादेव की ओर जाना चाहिए। फिर भक्ति भाव से मुक्त होकर स्वप्नेश्वर की ओर जाना चाहिए। उसके बाद विश्वतो मुख ईशान महादेव जाना चाहिए जिसके दर्शन मात्र से ही मनुष्य पाप मुक्त हो जाता है। इसके बाद वैश्वानर की ओर जाकर मनुष्य समृद्धि पा सकता है।

इसके बाद गणपतेश्वर की ओर गमन करते हुए सिद्धियां प्राप्त कर मनुष्य बुढ़ापे से छुटकारा पा सकता है। इसके उपरान्त दण्डपाणि जाए जहां जाकर यम के भय से छुटकारा मिल जाता है।

इसके उपरान्त गुह्य महाकाल की ओर जाना चाहिए, जहां जाकर सब पाप नष्ट हो जाते हैं। फिर दुर्वासेश्वर की ओर जाकर अपने जीवन को सफल बनाना चाहिए।

यहां पर श्वास को रोककर दुर्गा गौरी के पास छोड़ना चाहिए फिर कालेश्वर की ओर गमन करते हुए अपने नाम, स्थान और गोत्र का कीर्तन करना चाहिए। इसके बाद देवता के समीप बैठे और अपनी यात्रा को देवता को समर्पित करके अपने उद्धार की प्रार्थना करनी चाहिए।

इसके बाद सनत्कुमार जी ने कहा कि हे व्यासजी, वाल्मीकेश्वर की भी भली-भांति उपासना करनी चाहिए। जो मनुष्य ऐसा करता है वह

सुकवि होने का फल पा लेता है। वाल्मीकेश्वर का परिचय देते हुए सनत्कुमार जी बोले कि प्राचीन समय में भृगु नामक ऋषि हुए थे। उनके वश में सुमति ने जन्म लिया। उसकी त्रार्या का नाम कौशिकी था। उसके एक पुत्र उत्पन्न हुआ।

उस पुत्र ने पिता के द्वारा दिए गए वेद व्यास की शिक्षा और मन्त्रणा को नहीं माना। उनके स्थान में अनावृष्टि हो गई। वे लोग विदिश वन में आकर आश्रम बनाकर रहने लगे। उनका पुत्र अहीर और दस्युओं के साथ रहने लगा। इस तरह उस विप्र की सारी स्मृति भी नष्ट हो गई। कुछ समय बाद उस आश्रम में सप्तर्षि आए। उन्हें मारने की इच्छा से वह अग्नि शर्मा पुत्र प्रयत्नशील हुआ। उसने कहा कि अपने वस्त्र आदि सभी कुछ मुझे दे दो वरना मैं आप लोगों को मार डालूंगा। इस पर ऋषियों ने कहा कि हमें मारने की इच्छा तुम्हारे मन में कैसे आ गई? हम तो तपस्वी हैं। तब अग्नि शर्मा ने कहा कि मुझे अपनी पत्नी, पुत्र का भरणपोषण करना है। तब ऋषि बोले कि यह दस्युकर्म पाप कर्म है। पाप तू करता है और इसका आनन्द वे लोग उठाते हैं। पर इस पाप का भागी तो तू ही होगा। जाकर उनसे पूछा कि क्या वे तेरे इस पाप कर्म के दण्ड को स्वीकार करेंगे? वह विप्र अपने घर गया और उसने जब यह प्रशन पूछा तो पत्नी और पुत्र दोनों ने कहा कि हम तो पाप के भागी नहीं होंगे। जो तुम करते हो वह तो तुम्हें ही भोगना पड़ेगा। इस ज्ञान के साथ ही उसने अपनी लाठी फेंक दी, और अपने बालों को फैलाकर उनत तपस्वियों के पास आया। वह कहने लगा कि मेरा कोई भी नहीं है। आपके उपदेश से मेरा भ्रम दूर हुआ है। मुझे ज्ञान मिला है आप ही मेरा उद्धार कीजिए।

उसके ये वचन सुनकर मुनि अत्रि से अन्य ऋषियों ने कहा कि आप कुछ उपाय करें जिससे इसका उद्धार हो। तब अत्रि मुनि ने उसे ध्यान का उपदेश दिया और कहा कि इस ध्यान योग से तेरे पाप दूर हो जायेंगे। उसे रामनाम की सम्पत्ति मिल गई और वह तेरह वर्ष में ही योगी हो गया। उस विप्र ने ऋषियों से प्राप्त ज्ञान ध्वनि का उच्चारण वल्मीक (गुफा) में किया अतः उसका नाम वाल्मीकि पड़ गया। जब मुनियों ने उसे अत्यन्त कमजोर रूप में देखा तो वे आश्चर्य में पड़ गए। उन्होंने उसे उठाया–फिर

वह अपने तप से प्रदीप्त होता बोला कि हे मुनियों आपने ही मुझे ज्ञान दिया है। आपने ही मेरा उद्धार किया है। ऋषि बोले कि हे पुत्र तुमने इस वल्मीक में तप किया अतः तुम वाल्मीकि नाम से भूमण्डल पर प्रसिद्ध होओगे। फिर ऋषियों के जाने पर उसने महेश्वर ही आराधना की और उनसे कदित्व गुण पाकर रामायण की रचना की। तभी से वे विप्र अवन्ती पुरी में वाल्मीकेश्वर के नाम से विख्यात हुए।

इसके बाद व्यास जी के पूछने पर सनत्कुमार जी ने सोमेश्वर तीर्थ के विषय में बताया। तीर्थ के साथ सोमेश्वर लिंग की महत्ता भी बताई। उन्होंने कहा कि भगवान् सोमदेव एक विप्र के पुत्र थे। उन्होंने कई हजार वर्ष तक ब्रह्म के ध्यान में तप किया। यह तप ऊर्ध्व बाहु होकर किया अतः उनका तेज ऊर्ध्वोन्मुख होकर दिशाओं को प्रकाशित करने लगा। सब दिशायें उस तेज को धारण करने में असमर्थ हो गईं। फिर वह तेंज भूमि पर गिर पड़ा, उस तेज से सोम उत्पन्न हुआ। वह शीतल किरणों वाला जनप्रिय था। उस तेज से एक सोमा नदी अस्तित्व में आई। वह पुनः शिप्रा नदी में समा गई। तभी से शिप्रा नदी सोमवती नदी के रूप में प्रसिद्ध हो गई। सोम से युक्त शिप्रा नदी सब पापों में छुटकारा दिलाती है।

यहां पर तिल के लड्डू से पिण्डदान करने वाले के पितर तृप्त होते हैं। क्षिप्रा, सोम, सोमग्रह, सोमेश्वर और समवार ये पांच सकार दुर्लभ होते हैं। अमावस्या और सोम का योग होने पर पितृ तीर्थ के समान पुण्य होता है। अतः हे नहामुने! यह सोमवती तीर्थ पापनाशक है। भगवान् ब्रह्मा ने जब सोम को धरती पर पड़ा देखा तो उसे रथ में स्थापित कर दिया। ब्रह्मा ने युक्त रथ में सोम को देवताओं ने भी देखा। फिर सबने उसका स्तवन किया और वह सोम परम तेजोभय और भास्वर हो गया।

ब्रह्माजी ने सोम युक्त रथ से सागर सहित पृथ्वी की 21 बार प्रदक्षिणा की। प्रदक्षिण के समय सोम के धरती पर छलकने से अनेक औषधियों का जन्म हुआ। फिर सोम ने दस हजार वर्षों तक तप किया। इससे प्रसन्न होकर ब्रह्माजी ने उसे औषधियों का स्वामी बना दिया। फिर प्रचेतस दक्ष ने सोम को महान व्रत वाली 27 नक्षत्र संज्ञा से सम्पन्न पत्नियां प्रदान कीं। पत्नियों को प्राप्त करके सोम ने राजसूय यज्ञ किया। महामुनि

अत्रि उस यज्ञ में होता हुए। भृगु मुनि अध्वर्य थे। हिरण्यगर्भ उद्गाता थे और स्वयं ब्रह्माजी ने ब्रह्मा का पद प्राप्त किया था। भगवान् विष्णु सनकादि ऋषियों के साथ इसके सदस्य बने। कीर्ति, धृति और लक्ष्मी ने उनकी सेवा की। इस प्रकार देवर्षियों द्वारा सम्मानित होकर चन्द्रमा दिशाओं को चमकाने लगा। पर इस ऐश्वर्य को पाकर वह भ्रमीभूत हो गया। उसने अंगिरा के पुत्र का अपमान किया और गुरु बृहस्पति की पत्नी का अन्धकार में हरण कर लिया। देवताओं के द्वारा याचना करने पर भी चन्द्रमा ने पत्नी को नहीं छोड़ा। तब इंद्र ने क्रोधित होकर बृहस्पति का समर्थन करते हुए चन्द्रमा से युद्ध किया। इस युद्ध से सभी देवता डर गये और ब्रह्माजी की शरण में गए। ब्रह्माजी ने युद्ध के बीच में जाकर दोनों पक्षों को रोका। तब सोम ने तारा को बृहस्पति को वापिस कर दिया। पर तारा गर्भवती थी। अतः बृहस्पति ने उसे स्वीकार नहीं किया, तब तारा ने ऐषिकास्त्र से जलती अग्नि के समान उस गर्भ तेज को उत्स्त्रजित कर दिया। उस सौम्यकुमार को देखकर ब्रह्माजी ने पूछा कि इसका पिता कौन है? तब तारा ने बताया कि सोम इसका पिता है। ब्रह्मा ने यह सुनकर सोम कुमार का आलिंगन किया। उसका नामकरण 'बुध' के रूप में किया गया। पर उस पाप से सोम क्षयग्रस्त और कलंक वाला हो गया। फिर वह पुत्र को राज्य सौंपकर अवन्तीपुरी में आ गया। उसने फिर सोमेश्वर प्रभु का पूजन किया। उसकी भक्ति से प्रसन्न होकर सोमेश्वर ने उसे कांति प्रदान की। वह स्वयं सोमेश्वर नाम से विख्यात हो गया। इस प्रकार उस यहां कलंक मुक्त होने के कारण यह तीर्थ सोमेश्वर तीर्थ में रूप में प्रसिद्ध हुआ।

इसके उपरान्त सनत्कुमार जी ने सोभाग्य तीर्थ में सौभाग्येश्वर के महत्त्व का वर्णन किया। उन्होंने कहा कि सुरासुरों द्वारा वन्दनीय योगेश्वरी की अर्चना करके मनुष्य पापों से छुटकारा पा लेता है। इसके साथ किंपुनक नामक तीर्थ है। इसके ब्रह्महत्या तक का पातक दूर हो जाता है। त्रेतायुग में एक सुनेत्र नाम का द्विज था। उसका विश्वासुक नाम का पुत्र हुआ। यवक्रीत के शाप से मोहित होकर उसने पिता को मार डाला। फिर वह ब्रह्महत्या के पातक के कारण तीर्थों में भ्रमण करता रहा। फिर उसने

किंपनुक तीर्थ में स्थान किया। फिर उसने अपने आप सोचा कि मैं ब्रह्महत्या के पाप से कैसे मुक्त होऊं। वह अवन्तीपुरी में आया। तब उसे आकाशवाणी ने कहा कि किंपुनक तीर्थ में स्नान करने से तुम पाप मुक्त हो गए हो। अतः अपने घर जाओ। फिर वह विप्र घर चला गया।

हे व्यासजी! अवन्तीपुरी में एक दुर्धष तीर्थ भी है। सूर्य ने दुर्धष नदी के किनारे इसे स्थापित किया। इसकी पूजा गंधर्वों ने भी की है। यहां इस तीर्थ में रविवार के दिन संक्राति काल में सप्तमी या अष्टमी को स्नान करने से पुण्य मिलता है। क्षिप्रा के किनारे महेश्वर के भजन से मनुष्य अपने कुलों का उद्धार करता है। गौ का दान करने से यह दान सूर्य-चन्द्रमा पर्यन्त बना रहता है। इनके साथ–**गोवेन्द्र तीर्थ, गंगा तीर्थ, उत्तरेश्वर तीर्थ, भूतेश्वर तीर्थ, घण्टेश्वर तीर्थ, पुण्येश्वर तीर्थ, कामोदक तीर्थ**–में भगवान् का स्मरण करते हुए स्नान करने से परम पुण्य प्राप्त होते हैं।

इसके उपरान्त श्री सनत्कुमार जी ने व्यास जो को एक तत्व कथा सुनाई उन्होंने कहा कि उस कथा को किसी नास्तिक को नहीं सुनाना चाहिए। तत्व दर्शिनी यह कथा इस प्रकार है–

ब्रह्माजी सभी मचन्तरों और कल्पों में विद्यमान रहते हैं। उनकी आज्ञा से सूर्य देवों और मनुष्यों के पद का विभाजन करते हैं। पन्द्रह निमिषों की एक काष्ठा और तीस काष्ठाओं की एक कला होती है। बीस कला का एक मुहूर्त होता है और तीस मुहूर्तों की एक दिन तथा रात होती हैं। जहां सूर्य और चन्द्रमा की गति रहती है। उनमें अनेक संख्या से युक्त देवों और मनुष्यों की आयु का निर्धारण होता है। पन्द्रह अहोरात्र का एक पक्ष होता है। दो पक्षों का एकमास और दो मासों की एक ऋतु कही गई है। 3 ऋतुओं का एक अयन (कालपक्ष) होता है–उत्तरायण और दक्षिणायन। शुक्ल पक्ष को दिव्य माना गया है। एक वर्ष देवों का एक अहोरात्र होता है। दस गुना अहोरात्र मनु का एक पक्ष कहा गया है। पक्ष से दस गुणा उसका मास होता है। वारह मासों का एक वर्ष और चार हजार वर्षों का एक युग–कृत युग–सतयुग होता है। तीन हजार वर्ष त्रेता, दो हजार वर्ष द्वापर और कलियुग एक हजार वर्ष की संख्या वाला होता है।

जगत् के समाप्त होने पर मनु का लय हो जाता है। फिर इतने ही

समय तक दूसरा मनु होता है। इसे ही समाप्त होने पर सम्वत्सर कहा गया है। यह एक सम्वत्सर ब्रह्मा का एक दिन होता है। एक सहस्त्र पर्यन्त रात्रि रहती है। उनके सम्पन्न होने पर पृथ्वी जल में निमज्जित हो जाती है। इन मचन्तरों में संहार होते रहते हैं और उत्पत्तियां भी। पर इन प्रजाओं का संहार और उत्पत्ति का वर्णन नहीं किया जा सकता।

एक सहस्त्र युगों का एक कल्प होता है। कल्पांत में सब कुछ दग्ध हो जाता है और सब नारायण में प्रवेश कर जाते हैं। यह नारायण ही कल्पान्त में जन्म और संहार करने वाला है। पर दोनों स्थितियों में यह महेश और विधाता से युक्त रहता है (अर्थात् कल्पांत में जम और संहार की शक्तियां विद्यमान रहती हैं) यह ईश्वर परम सुन्दर महाकालवन में निवास करता है। यह महाकाल ही सृष्टि और संहार का कारण है।

व्यासजी ने सनत्कुमार जी से पूछा कि आपने अत्यन्त महत्त्वपूर्ण तीर्थों का वर्णन कर दिया, क्षिप्रा का महत्त्व बता दिया। सुन्दर कुण्ड, पुष्कर तथा गोमती कुण्ड का वर्णन भी कर दिया। अब आप बताइए कि यह किसके द्वारा और कब सम्भव हुआ।

यह सुनकर सनत्कुमार जी ने कहा कि इस भूण्डल पर क्षिप्रा के समान कोई नदी नहीं है। इसमें स्नान करने से सारे पाप समाप्त हो जाते हैं। इस नदी को वराह कल्प में विष्णु देहा कहा जाता है। आगे सनत्कुमार जी ने कहा कि महादेव यहां भिक्षा के लिए पर्यटन करते थे। वे कई लोकों में गए। वे यही कहते थे कि मैं भूखा हूं अतः मुझे अन्न दो। तब हरि ने कहा कि हे ब्रह्मन् भिक्षा ग्रहण करो और उन्होंने अपनी तर्जनी उठा दी। शिव ने त्रिशूल से तर्जनी को काट दिया तो खून बह निकला। वह खून शिव के पात्र में समाकर छलक गया और उसकी अनेक धारायें बन गई। यह क्षिप्रा उसी रुधिर की धारा से प्रवाहित हुई। पर यह ज्वरघ्नी कैसे हुई यह मैं बताता हूं।

जब बाणासुर श्रीकृष्ण के साथ युद्ध कर रहा था, तो अनिरुद्ध ने उसकी अवमानना की। भगवान् ने अपना चक्र उठाया और उसकी भुजाओं को काट दिया। तब वाणासुर शंकर भगवान् की शरण में गया। उसकी रक्षा के लिए शिव युद्ध में सबसे आगे हो गये। श्रीकृष्ण ने रुद्र को मारने

के लिए वैष्णवास्त्र का संधान किया और शिव ने पाशुपत अस्त्र संभाल लिया। तब चारों ओर हाहाकार मच गया। श्रीकृष्ण ने मोहनास्त्र का प्रयोग किया और भगवान् शम्भु मोहित हो गए। तब मोह से मुक्त होकर शम्भु ने माहेश्वर ज्वर उत्पन्न किया। उससे श्रीकृष्ण की सेना पीड़ित हुई। इस पर फिर श्री कृष्ण ने वैष्णव ताप का सन्धान किया। इससे माहेश्वर ज्वर भग्न हो गया। फिर उसने क्षिप्रा की धारा में शान्ति पाई। दोनों तरफ की शक्तियां शान्त हो गईं। हे महाभाग! इस रूप में क्षिप्रा का महत्त्व बढ़ गया।

इसके बाद परमपावन विष्णु की भक्ति का वर्णन करते हुए मार्कंडेय ने कहा—यह विष्णु भक्ति ही सर्व विद्या है। यह भक्ति कृत्घ्न और नास्तिक को प्राप्त नहीं होती। यह विष्णु ही गोपाल रूप में मनोरंजन करने वाले हैं। कामिनियों के साथ केलि में चंचल और वाल रूप में सुख देने वाले हैं। ये विष्णु ही आदि और अन्त से मुक्त हैं। ज्ञाता और ज्ञेय हैं।

ये भगवान् विष्णु ही तेज युक्त देवों के राजा हैं। ये ही कुबेर हैं और धरती पर सम्पूर्ण औषधियों को जन्म देने वाले सूर्य और चन्द्रमा हैं। ये ही गले में विष धारण करने वाले नीलकण्ठ हैं। ये ही अन्यों को मान देने वाले और श्मशान में विचरण करने वाले रुद्र हैं।

देव सेना के अधिपति भगवान् स्कन्द हैं और गणों के स्वामी, महाकाल रूप, विघ्नों को हरण करने वाले गणेश हैं। ये ही मस्तक पर चन्द्रमा धारण करने वाले, शीतलता देने वाले और नृसिंह रूप में नखों में दानव का विनाश करने वाले हैं। लोकपाल, पर्वतों के राजा, भुवनों के स्वामी—सुन्दर, रागी विरागी—गीतों के स्वामी—चल—अचल—विश्व देवा—और उनके ऋषियों में स्थित स्वयं हैं।

ये ही जगदग्नि के पुत्र परशुराम हैं। दशरथ के पुत्र राम हैं। ये चक्र, पद्म, गदा और कमल धारण करने वाले हैं। ये ही हनुमान और स्त्रियों के वाम अंग में निवास करने वाले हैं। ये परम सात्विक, तत्त्व ज्ञाता, राक्षसों का नाश करने वाले हैं। आप ही सभी फलों के दाता हैं। तत्वों के ज्ञाता, मन के नियंत्रक, योगी हैं। ब्रह्मा के ज्ञाता, स्वयं ब्रह्म, अध्यात्म विधाओं के स्त्रष्टा परगतत्व हैं। ये ही माया पति हैं और माया से विमोहित न होने वाले हैं। सहस्त्र नेत्रों वाले, सहस्त्र चरणों वाले अतीव उज्ज्वल हैं।

श्री भगवान् ने देवों से कहा कि–हे देवों! तुम चाहो तो मन वांछित वर मांग लो। इस पर देवों ने कहा कि आप आदि के गर्भ से उत्पक्ष होकर इंद्र के अनुज बन जाइए। अपने वचन की पूर्णता के लिए विष्णु अदिति के गर्भ से उत्पन्न होकर वामन रूप धारी हुए।

सनत्कुमार जी ने कहा कि हे व्यास! बलि ने इंद्र के राज्य का हरण करने के लिए अश्वमेध यज्ञ किया। उसने ऋषि कश्यप को ऋत्विक नियुक्त किया और मुनि भृगु को होता बनाया और स्वयं ब्रह्म उसमें ब्रह्मा रूप में प्रतिष्ठित हुए। राजा बलि की दीक्षा हुई। पर वहां यज्ञ में वामन आये। वामन के आने का समाचार सुनकर राजा बलि वहां आए ओर उनकी पूजा की। फिर उन्होंने पूछा कि आपका आगमन किस कारण हुआ? तब वामन ने कहा कि मैं आपसे कुछ याचना करने आया हूं।

इस पर राजा बलि ने कहा कि आप याचना कीजिए मैं आपको मनवांछित वस्तु दूंगा। तब वामन ने कहा कि यदि आप देना ही चाहते हैं तो मुझे तीन पग धरती दीजिए। इस पर बलि ने कहा कि हाथी, घोड़े, विभिन्न द्रव्य, सुन्दरियां आप किसी की भी याचना कीजिए, आप तो मनीषी हैं, आपको सब कुछ मिलेगा। इस पर वामन ने कहा कि मुझे और कुछ नहीं चाहिए–केवल तीन पग धरती चाहिए। तब राजा बलि ने कहा कि आप अपने निवास के लिए तीन पग धरती ही लीजिए।

यह कहकर राजा बलि ने दान का संकल्प किया। उसके संकल्प को देखकर उनके गुरु ने कहा कि भूमि दान का संकल्प मत कीजिए। इधर संकल्प के साथ ही वामन ने सम्पूर्ण भूमि पर एक पैर रख दिया। ...उन्होंने राजा बलि का सब कुछ लेकर इंद्र को उसका राज्य वापिस कर दिया और स्वयं वहां पर स्थित हो गए।

वामन देव द्वारा निर्मित इस तीर्थ को वामन कुण्ड कहा जाता है। यह तीर्थ करोड़ों हत्याओं के पाप से छुटकारा दिलाने वाला है।

इसके उपरान्त सनत्कुमार जी ने कुटुम्बेश्वर तीर्थ के विषय में बताया। उन्होंने कहा कि यह तीर्थ सबसे पावन और पुण्य फल देने वाला है। इस तीर्थ में आकर मनुष्य को कुटुम्बी होने का फल मिलता है। यहां पहले प्रजापति दक्ष ने कुटुम्बी होने के लिए तप किया था। दक्ष ने नारद

जी के द्वारा अपने पुत्रों के तपस्वी बनाने के बाद घोर तप करके पुनः अनेक सन्ततियों की प्राप्ति की थी। अनेक प्रजाओं को प्राप्त करने पर ही उनका नाम प्रजापति पड़ा था।

इसी तीर्थ में महादेव ने ब्रह्म पद को प्राप्त किया था। यहां आज भी चतुर्मुख लिंग दिखाई देता है। यहां भद्र काली क्रीड़ा किया करती है। यहीं महादेव क्षेत्र रक्षक भैरव के रूप में विराजमान होते हैं। जो मनुष्य अकाल के समय यहां आकर क्षेत्रपाल की आराधना करता है उसे सारे पुण्य मिलते हैं।

हे व्यास! यहीं एक और तीर्थ अखंडेश्वर–देव प्रयाग तीर्थ है। यह तीर्थ सोम तीर्थ के उत्तर भाग में प्रयाग के दक्षिण में क्षिप्रा नदी के पूर्व में स्थित है। यही आनन्द भैरव के दर्शन से मनुष्य के पापों का क्षय हो जाता है। इस विषय में एक कथा सुनो–एक ब्राह्मण धर्म शर्मा नाम से प्रसिद्ध था। वह बहुत सदाचारी था फिर भी उसका व्रत पूरा नहीं हो रहा था। इस तरह वह विचार ही रहा था कि नारद जी वहां आए और उसने अपने व्रत की अपूर्णता के विषय में पूछा। उसने कहा कि हे महामुने! हमारा दोष क्या है?

इस पर नारदजी ने उसे एक कथा सुनाई। नारद जी ने कहा–महाराष्ट्र में एक धन संचय करने वाला ब्राह्मण था। वह वेदों और विप्रों की निंदा करने लगा था। नास्तिक था और पराई स्त्री में रत रहता था। उसकी आयु क्षीण हो गई और समय आने पर वह धनहीन हो गया। वह इधर-उधर घूमने लगा और फिर रोगग्रस्त होकर मृत्यु का प्राप्त हुआ। पाप कर्म के कारण वह यमपुरी में पहुंच गया। धर्मराज ने देखा और उसके पापों का आकलन किया। फिर धर्मराज ने कहा कि यह तो ठीक है कि उसने अनेक पाप किये पर यह गोदावरी के किनारे मरा है अतः वहां हमारा कोई वश नहीं। गोमती के तट पर अनेक तीर्थ आते हैं, उन सब तीर्थों की वायु का स्पर्श भी इसके शरीर में हुआ है अतः उसका पुण्य प्रभाव बढ़ गया है। इस तरह इसे छोड़ना होगा। जब उसको यमदूतों ने छोड़ा तो वह पुनः ब्रह्म रूप को प्राप्त हो गया। उसका व्रत भ्रंगी रूप समाप्त हो गया। फिर नारदजी ने कहा कि महाकालवन में रुद्र सर के किनारे तप करने से पाप

क्षय होता है तुम वहां जाओ वहां अखंडेश्वर के दर्शन से दोष मुक्त हो जाओ। उस ब्राह्मण ने ऐसा ही किया और मुक्त हो गया।

इसके अनन्तर सनत्कुमार जी ने हनुमतेश्वर तीर्थ के विषय में बताया। जो मनुष्य शैर सर में स्नान करके हनुमतेश्वर के दर्शन करता है। वह करोड़ कल्पों तक वायु लोक में आनन्द पाता है। यहां पर लोगों को दुःखी करने वाला एक राक्षस रावण था। उसका उद्धार रामरूप विष्णु ने किया था। उसका संहार करके राम-सीता को लेकर अपनी पुरी में आ गए थे तब राम ने अगस्त्य जी से प्रश्न किया कि शंकर और वायुदेव में किसका महत्त्व अधिक है। तब मुनि ने राम से कहा कि युद्ध वीरता में वायुसुत महेश्वर के समान ही हैं। हनुमानजी ने अपने विषय में महेश्वर की तुलना से प्रसन्न होकर–लंकापुरी में आकर विभीषण से परम शोभन शिव लिंग की याचना की। विभीषण बोला कि रावण द्वारा स्थापित छह लिंगों में से आप रुचि के अनुरूप ग्रहण कीजिए। हनुमानजी ने मौक्तिक सदृश एक शिव लिंग को ग्रहण किया। विभीषण ने बताया कि रावण से बांधा गया कुबेर इसी शिवलिंग के प्रभाव से मुक्त हुआ था। हनुमान जी उस शिवलिंग को लेकर अम्बर के मार्ग से अवन्तीपुरी में आये और वहां उस लिंग की स्थापना की। जब हनुमान उसे लेकर पुनः जाने लगे तो स्थापित लिंग ने कहा कि आप अपने नाम से ही यहां मेरी पूजा करो। इस तरह स्थान हनुमतेश्वर के नाम से विख्यात हुआ।

इसके बाद सनत्कुमार जी ने कहा कि अवन्ती में लंकपाद नाम से बलराम और जनार्दन दोनों का दर्शन उचित है। उन्होंने कहा कि इसके दर्शन से ब्रह्म हत्यारा भी पाप मुक्त हो जाता है। सनत्कुमार जी ने कहा कि भूमि पर पापों के बढ़ते प्रभाव से भूमि को मुक्त कराने के लिए बलराम और कृष्ण के अवतार हुए। कृष्ण ने कंस का वध करके उग्रसेन का उद्धार किया था। बलराम और कृष्ण ने संदीपन गुरु के पास जाकर विद्या प्राप्त की थी। एक बार संदीपन अपने शिष्यों समेत महाकाल के मंदिर में आए। वहां राम और कृष्ण भी प्रकट हुए। तब महाकाल ने केशव से कहा कि आप तो इस शरीर को पाकर सबको सुख देने वाले हो गये हो। गुरु संदीपन ने यह सुना तो उन्हें वास्तविकता का ज्ञान हुआ और

उन्होंने कृष्ण के सामने अपनी अज्ञता प्रकट की। तब कृष्ण ने कहा कि मैं आपकी क्या सेवा करूं? इस गुरु संदीपन ने समुद्र में ग्रसे हुए अपने एकमात्र पुत्र की कामना की। उसके पुत्र को ग्राह ने खा लिया था।

जब कृष्ण गुरु की इच्छा पूरी करने के लिए ग्राह के पेट में गए तो वहां उन्हें वह बालक नहीं मिला। तब कृष्ण ने वरुण से एक रथ मांगा—वरुण ने सहर्ष वह रथ उन्हें दे दिया। उस रथ पर बैठकर ही वरुण ने कई बार दैत्यों को परास्त किया था। भगवान् ने उस खगेन्द्र की ध्वजा वाले रथ को देखा और उस पर चढ़े गये और फिर यमपुरी में आये। वहां उन्होंने अपना शंख बजाया जिससे वहां के निवासी भयभीत हो गए। भगवान् कृष्ण रूप विष्णु के वहां पहुंचने पर सारे नरकों की क्रिया रुक गई थी। सारे नरक वासियों के पाप कृष्ण के दर्शन से समाप्त हो गए थे। तब कृष्ण और आगे बढ़े तो यमराज के सेवकों ने उन्हें विनयपूर्वक रोका कि इधर न जाइये। यहां पर पराई स्त्रियों से संसर्ग करने वाले नरकगामी रहते हैं। अन्य लोग तो आपके दर्शन से स्वर्ग चले ही गये। तब कृष्ण ने कहा कि मैं तो उनके मोक्ष के लिए ही आया हूं। जब यह बात यमराज को मालूम हुई। तो वे दौड़कर वहां आए। अपने सेवकों से कहने लगे कि उनको (अर्थात् कृष्ण को) वहीं रोक दो। यम के दूतों में से एक ने कृष्ण को रोका और उन्हें बाणों से आहत कर दिया।

चोट खाकर कृष्ण और बलराम क्रोधित हो गए। मुख्य सेवक नरान्त को उन्होंने पीड़ित कर दिया। जब सब सेवक परास्त हो गये तो वह पुनः यमराज के पास गए। यमराज ने भी वहां आकर युद्ध किया और राम-कृष्ण को पीड़ित किया। पर चित्रगुप्त के ऊपर जो प्रहार हुए उनसे वह आर्तनाद करने लगा। चित्रगुप्त के सभी अन्य प्रधान भी पराजित हो गए थे। और उन्होंने चित्रगुप्त के विषय में भी सुना। अन्य देवता भी वहां आए पर भगवान् कृष्ण और बलराम को देखकर आश्चर्यचकित हो गए। स्वयं ब्रह्माजी भी आए। इधर श्रीकृष्ण ने महाकाल पर अपना चक्र छोड़ने की सोची तो ब्रह्माजी ने उनसे ऐसा न करने की प्रार्थना की।

उन्होंने कहा कि आप सर्वज्ञ हैं। आप काल पर कृपा कीजिए। हम आपसे ही स्थित हैं, आप सबको क्षमा कर दीजिए। तब कृष्ण और

बलराम ने कहा कि हमने अपने गुरु संदीपन के पुत्र को उन्हें देने की प्रतिज्ञा की है। आप उसका पालन कीजिए। यह सुनकर यमराज बोला कि हे देव! आपने ही यह विधि-विधान बनाया है कि यमपुरी को प्राप्त व्यक्ति शरीर रहित हो जाता है। जाता वही है जो शरीर सम्पन्न होता है। यमराज की बात सुनकर ब्रह्माजी ने कहा कि तुम गुरु पुत्र को विश्व के रचयिता को सौंप दो। उसकी शरीर रचना कर के यहां ले आओ। यह सुनकर यमराज ने विप्र पुत्र के शरीर की रचना की। उस उद्भव को उन्होंने भगवान् कृष्ण को सौंप दिया। इस पर भगवान् कृष्ण ने कहा कि अवन्ती पुरी में मरने वाले यमराज का मुख नहीं देखेंगे। जो भगवान् का दर्शन करते हैं वे नरक का मुख नहीं देखेंगे और ये सब नारकीय यातना भोगने वाले व्यक्ति अब दिव्यलोक को प्राप्त हो गये हैं। इसी समय भगवान् ने शंख ध्वनि की ओर सबको मोक्ष मिल गया। काल को भी सबक मिल गया और ब्रह्माजी वहां से अन्तर्धान हो गये।

फिर राम और कृष्ण ने संदीपन को उनका पुत्र लाकर दे दिया तब वहां के ऋषियों ने यदुनन्दनों की पूजा-अर्चना की और कहा कि हमने आपको पहचाना नहीं। आप तो साक्षात् ब्रह्म हैं। यहां पर जो भी भक्ति भाव से स्थित होगा वह जन्म-मरण से मोक्ष पा लेगा।

इसके उपरांत सनत्कुमार जी ने केदारेश्वर के विषय में बताया। उन्होंने कहा कि केदारेश्वर तीर्थ में स्थित होने से शिवलोक का सुख प्राप्त होता है। यहां इंद्र तीर्थ में स्नान करने से पापों का क्षय होता है। इसके बाद सनत्कुमार जी ने गोप तीर्थ, चिपटा तीर्थ, विजय तीर्थ के विषय में बताया। फिर विस्तार से रामेश्वर के विषय में वर्णन किया।

उन्होंने कहा कि रामेश्वर तीर्थ अत्यन्तपुण्य दाता है।

एक बार भगवान् राम ने चित्रकूट में मुनि वसिष्ठ से अनेक तीर्थों के विषय में पूछा था तो मुनि ने उत्तर दिया कि अवन्ती देश में एक कुश स्थली है। वह उज्जयिनी नाम से प्रसिद्ध है। आप वहां जाकर दशरथ जी को पिण्डदान से तुष्ट कीजिए। बशिष्ट के कहने पर भगवान् राम ने क्षिप्रा नदी में स्नान किया और पूर्वजों का तर्पण किया। इसी समय आकाशवाणी ने कहा कि आप अपने नाम से यहां तीर्थ स्थापित कीजिए। तब राम ने

लक्ष्मण से कहा कि मैं शम्भु द्वारा अनुग्रहीत हुआ। अत: रामेश्वर लिंग की स्थापना करो। यह सुनकर लक्ष्मण ने ही रामेश्वर लिंग की स्थापना की। इस रामेश्वर तीर्थ की उपासना करने वाला समस्त पुण्यों को प्राप्त करता है।

महर्षि व्यास ने सनत्कुमार जी से पूछा कि महाकाल क्षेत्र का नाम और उसे शिव पद की प्राप्ति कैसे हुई। अभ्येश्वर और नारदीय तथा सुलेश्वर के स्वरूप क्या हैं और ॐकार का क्या प्रयोजन है। दिव्य स्वरूप वाली उज्जयनी सत् कल्प से युक्त कैसे कही गई है। इसके अतिरिक्त आप यह भी बताइए कि इनके विभिन्न नाम कैसे पड़े। यह सुनकर सनत्कुमार जी बोले कि यह दिव्य पुरी बहुत प्रसिद्ध पुरी है। प्रथम कल्प में यह स्वर्ण श्रृंगा के रूप में विख्यात थी। दूसरे कल्प में कुशस्थली हो गयी, तीसरे कल्प में इसकी अवन्तिका कहा गया है और चौथे कल्प में अमरावती नाम से प्रसिद्ध हुई। पांचवें कल्प में चूड़ामणि और छठे कल्प में पदमावती। सातवें कल्प में उज्जयिनी और फिर कल्प के अंत में फिर स्वर्ण श्रृंगा नाम से जानी गई।

इस उज्जयिनी नगरी में पहले अन्धक नाम वाला राजा हुआ। उसका एक पुत्र था जो महान वीर्य वाला था। उसका नाम कनक दानव था। उस महान वीर्य वाले ने युद्ध के लिए युद्ध भूमि में इंद्रदेव का आह्वान किया। इंद्र को बहुत ही अधिक क्रोध आया और उसने संग्राम भूमि में युद्ध करते हुए उसको निपातित कर दिया अर्थात् मार डाला। इंद्र ने युद्ध में दानव को तो मार दिया किंन्तु फिर वह अन्धासुर के भय से भगवान् शंकर के अन्वेषण करने वाला होकर शंकर के निवास स्थान कैलास पर्वत पर चला गया। वहां पर अर्धचन्द्र को मस्तक पर धारण करने वाले देवेश्वर का दर्शन करके उनको इसने प्रणाम किया। सहस्त्र नेत्रों से समाकुल इन्द्र ने अत्यंत भयभीत होकर प्रार्थना की थी–हे देव! अन्धक दानव ने मुझे अब आप अभय का दान दीजिए। शरण में समागत प्राणी पर दया स्नेह करने वाले प्रभु शंकर ने इन्द्रदेव के इस वचन को सुनकर उसे पूर्ण विश्वास दिया कि तुम अन्धक से भय मत करो। महादेव ने सुभैरव विश्वरूप धारण कर लिया था।

यह भैरव रूप बहुत तीव्र गति से निनाद करने वाला था और जहर

से भरे हुए सांपों से सुशोभित था। महान् पर्वतों के तुल्य उसकी जंघाएं थीं। इस रूप में भगवान् शंकर ने यहां अवतरण किया इसलिए यह स्थान शिवपद के रूप में विख्यात हुआ। सब देवताओं ने जब इस तीर्थ को देखा तो उसमें स्नान किया और महान काल के समान ही अपने आपको स्थापित किया। इसलिए इसे महाकाल नाम के समान ही अपने आपको स्थापित किया। इसलिए इसे महाकाल नाम दिया गया। यहां पर अन्धासुर ने अपने पुत्र को मरा हुआ जानकर युद्ध के नगाड़े बजा दिये थे। जब देवताओं ने असुरों को युद्ध के लिए तैयार देखा तो वे कांप उठे ओर भगवान् शम्भु की शरण में आए। भगवान् शम्भु ने अपना त्रिशूल उठाया और असुरों का विनाश करने के लिए तैयार हो गये। उधर अन्धकासुर ने भी अपने आपके अस्त्रों को फेंका, इधर शिव ने अग्नि बाण फेंके और असुर को पराजित कर दिया। इसके बाद अन्धक वहां से भाग गया। शिवजी ने अपनी माया फैलाई और उस माया से अन्य दैत्य पराजित हो गये। जिस रास्ते से वह राक्षस गया था उसी से देव भी उसके पीछे-पीछे गये। वह केवल बोल रहा था दिखाई नहीं दे रहा था। जहां पर वह बोला वहां बागन्धक तीर्थ भगवान् शम्भु के बोलने पर उत्पन्न हो गया। सनत्कुमार जी ने आगे व्यासजी से कहा कि सभी दिशाओं के अंधकार को अपनी शक्ति से दूर करने के बाद भगवान् शिव ने उस दैत्य को प्रगट होने पर विवश किया। जब देवताओं ने यह देखा तो उन्हें बड़ी प्रसन्नता हुई और फिर उन्होंने भगवान् का स्मरण किया क्योंकि वह प्रकाश पुरुष रूप में दिखाई दिया था इसलिए उसे नर दीप का नाम दिया गया। जो इस नरदीप के दर्शन करता है वह पापों से मुक्त हो जाता है।

पुराने समय में देवराज इन्द्र ने क्योंकि यहां पर सूर्य को प्रतिष्ठित किया था इसलिए सूर्य रूप नरदीप लोगों को पापों से मुक्त करता है। जो मनुष्य इस तीर्थ में आकर भक्ति भाव से पूजन करते हैं वे लोक में सम्मानित होते हैं। यह पुण्य विशिष्ट होता है। इसके बाद दूसरा स्थल कुशस्थली है इसे श्रेष्ठ ब्राह्मणों ने बनाया। जो मनुष्य सूर्य के रथ के आकर्षण से अपने कुल का उद्धार करता है, वह पूर्वजों को भी तार देता है। सूर्य रथ बहुत पुण्य फल देने वाला होता है रथ की यात्रा से मनुष्य

सीधा स्वर्ग चला जाता है। जो लोग अपनी कामनाओं की पूर्ति करते हैं वे यहां पर स्थित सूर्य रथ की प्रदक्षिणा करते हैं और उन्हें इस प्रदक्षिणा से सम्पूर्ण वसुन्धरा की परिक्रमा का फल मिलता है।

हे व्यास जी पूर्व दिशा की ओर नमस्कार करके दक्षिण दिशा के द्वार से प्रवेश करते हुए इस रथ चक्र का पूजन करना चाहिए। इसके बाद पश्चिम दिशा के द्वार से रथ में स्थित सूर्य का पूजन करना चाहिए और पूर्व द्वार में आकर गऊ का दान करना चाहिए और दक्षिण द्वार पर घोड़े को समर्पित करें इस तरह जो मनुष्य रथदीप की यात्रा करता है उसे बहुत फल मिलता है।

सूर्य देव के सामने स्थित तालाब में स्नान करने से मनुष्य के कुफल नष्ट हो जाते हैं और उसे संतान की प्राप्ति होती है। विप्र अंधकार के नष्ट होने पर भगवान् महेश्वर ने उस अन्धक व्यक्ति को मार डाला और इससे सभी देवता प्रसन्न हुए। उसी समय भगवन् विष्णु ने भी अपना शंख बजाया और यहां पर शनोद्धारण नाम वाला तीर्थ स्थापित हो गया।

अब मैं आपको गया तीर्थ के महात्म्य का वर्णन करता हूं। सनत्कुमार जी ने कहा—यह गया तीर्थ परम उत्तम तीर्थ है। इसमें स्नान करने से मनुष्य अपने तीनों ऋणों से मुक्त हो जाता है। व्यास जी ने यह जानना चाहा कि यह गया तीर्थ इतना महत्त्वपूर्ण क्यों हो गया। इस पर सनत्कुमार जी बोले कि यहां प्राचीन काल में एक युगादि देव नाम का राजा रहता था। वह धर्मात्मा था और अपनी प्रजा का पालन पुत्र के रूप में ही किया करता था। उसका राज-काज धर्म के चारों पदों से परिपूर्ण था। समय पर वर्षा होती थी और भूमि सम्पूर्ण फल और फूलों को देने वाली थी। क्षत्रिय लोग बहुत बल सम्पन्न थे। सभी वर्ग अपने-अपने कर्तव्यों का पूरी तरह से पालन करते थे। उस समय श्रुति और स्मृति में लगा रहना ही धर्म था। पुरुष नारियों के भाग्य अनुकूल थे। इस तरह सब जगह वह राजा आराधित होता था। वहां पर एक तुहुण्ड नाम का दानव था। उसने ब्रह्माजी से वरदान प्राप्त कर लिया था कि कोई भी देवगण पूजा के योग्य नहीं है। उसके अनुशासन में सब कुछ नष्ट हो गया था। उससे परेशान होकर देवतागण ब्रह्माजी की शरण में गये। फिर ब्रह्माजी ने विष्णु लोक को गमन

किया और वहां उनकी आराधना की। तब विष्णु ने कहा कि आप सब लोग महाकाल वन में चले जाइए। वहां पर शिप्रा नदी है और दिव्य कुलेश्वरी महाकाली विराजमान है। यह बहुत सुन्दर स्थल है। वहां पर जाकर आपको अपनी मनोकामना पूरी करने का अवसर मिलेगा। इसके बाद सब लोग इस गया क्षेत्र में आए और अपनी मनोकामना पूरी की।

व्यासजी ने कहा कि अब आप नाग तीर्थ की महिमा का वर्णन कीजिए। इसके उत्तर में सनत्कुमार जी ने कहा कि पुराने समय में नाग गण माता के श्राप से भ्रष्ट हो गये थे। जन्मेजय ने उनको जला दिया था और आस्तिक ने उन्हें मोक्ष दिलाया। हे मुनि, नागों ने पूछा कि हम लोग आपके कारण मुक्त हुए हैं तब आप हमें रहने के लिए स्थान भी दीजिए ताकि हम निर्भय होकर रह सकें। इस पर जरतकारू के पुत्र अस्तिक ने कहा कि आप रम्य महाकाल वन में चले जाइए। वहां एक कुशस्थली है। वहां पर सनातन ब्रह्मयोग निद्रा को प्राप्त कर शयन किया करते हैं और देहधारियों को किसी भी प्रकार का कष्ट नहीं होता है। लोमश ऋषि भी वहीं पर रहते हैं। यह स्थल ऐसा है जहां पर अनेक महान् लोगों को उच्च पदवी प्राप्त हुई थी। आप लोग वहीं जाएं। तब आस्तिक का वचन सुनकर सभी नाग वहां आ गए। धनंजय पन्नग श्रेष्ठ वासुकि, तक्षक, लील आदि प्रमुख नामों के साथ अन्य नाग भी वहां आए और वहां आकर उन्होंने नवीन कुंडों की रचना की। इसी स्थल पर शेष की शय्या पर शयन करने वाले भगवान् विष्णु का निवास है। यहां पर एक स्थल श्वेत द्वीप के नाम से जाना जाता है। यहां हमेशा फूलों से लदे रहने वाले वृक्ष पाए जाते हैं। यह परम स्थल देवांगनाओं और सुन्दर नाग कन्याओं से भरा हुआ है। यहां पर रमासर नाम का एक तीर्थ है उसका बहुत महत्त्व कहा गया है।

अवन्ती की पुण्य महिमा का वर्णन करते हुए व्यासजी के द्वारा पूछने पर सनत्कुमार जी ने कहा कि यह बहुत गोपनीय तत्व है फिर भी मैं इसे आपको बताता हूं। यह अवन्ती तीर्थ सभी पापों को नष्ट करने वाला और पुण्य देने वाला है। यहां पर आकर विष्णु का स्मरण करते हुए जो मनुष्य रुद्रसर में स्नान करता है वह अपने सारे कर्म करता हुआ पुण्य को प्राप्त करता है। यहीं पर एक नृसिंह तीर्थ है जहां नील गंगा और शिवपरा का

संगम है। यहां पर पिशाच मोचन तीर्थ है जहां मनुष्य पूजा करके कुटुम्बी हो जाता है। इसके बाद फिर षष्टि देवेश्वर तीर्थ है। यहां कम्बल आदि वस्त्रों का दान करके पुण्य की प्राप्ति होती है। इसके अतिरिक्त मधुकुल्या नाम का तीर्थ और क्षेत्रादित्येश्वर तीर्थ तथा द्वादर्शक तीर्थ पुण्य देने वाले तीर्थ कहे गए हैं। हे व्यास देव, अनेक तीर्थों में स्नान करने से जो पुण्य फल प्राप्त होता है वह गंगेश्वर तीर्थ में अकेला ही हो जाता है। इस तीर्थ में गंगेश्वर भगवान् का दर्शन करके मनुष्य पाप मुक्त हो जाता है और जो दान यहां पर किया जाता है उससे उसके पूर्वज तर जाते हैं। इन सभी तीर्थों की यात्रा करके मनुष्य को चाहिए कि वह दोष रहित अपना कर्म कार्य करे। उसे चाहिए कि वह भगवती देवी और भगवान् स्कन्ध की पूजा करें। एक प्रेत शिला नाम का तीर्थ भी है। यहां पर मनुष्य को श्राद्ध कर्म करना चाहिए। इस तीर्थ में अनेक नदियों का सम्बन्ध होता है और यहां पर जगदम्बा पार्वती स्वयं विराजमान रहती हैं। इस तीर्थ में स्नान करके भगवती पार्वती का पूजन करना चाहिए। हाथी, अन्न, गाय जो भी हो उसे दान करके मनुष्य को चाहिए कि वह पुण्यवान हो जाए।

गंगेश्वर तीर्थ की महिमा जितनी भी कही जाए उतनी ही कम है। गंगेश्वर देव के दर्शन मात्र से ही सब तीर्थों का फल मिल जाता है। इस संसार में भगवान् नारायण का चरण ही उत्पत्ति का मूल स्थल है और भगवान् के पद से निकली हुई गंगा तीन मार्गों से गमन करने वाली है। उस गंगा ने अपने जल के आधार से अमृत से उत्पत्ति स्थल सोम में प्रवेश किया। इसके बाद वह सूर्य की किरणों से पवित्र हो गयी और फिर मेरु पर्वत के पिछले भाग में गिरी। फिर वहां से चार भागों में प्रवाहित हुई। उस वन को अपने जल से सींचती हुई पहले सीता हुई और फिर दक्षिण गन्दमादन पर्वत में अलकनन्दा के नाम से जानी गई। फिर उसके बाद तीन शिखरों वाले शैलराज पर पहुंच गई। भगवान् शिव कहते हैं कि यहीं पर मैंने अपनी जटाओं में धारण किया और फिर उसके भाग भगीरथ की तपस्या से मैंने इसे अपनी जटाओं से मुक्त किया। वहां से मुक्त होकर यह महाकाल में गई—इस तरह इस गंगा का स्वरूप निर्मित हुआ। पुराने किसी समय में देवताओं ने ब्रह्माजी की उपासना की थी। उस समय समुद्र भी

ब्रह्म लोक में गया। समुद्र के साथ गंगा भी थी। वहां वह गंगा पितामह के पास पहुंची। मारुथ ने इसका वस्त्र शशि प्रभु की ओर उड़ाकर फेंक दिया और तब शूरगण नीचे की ओर मुख करने वाले हो गए। इधर समुद्र ने गंगा से क्रुद्ध होकर गंगा को श्राप दिया कि तू अन्य पर अनुरक्त होकर पाप की भागी बनी है। अतः मनुष्य लोक में जा। तब गंगा बोली कि आपने मुझे व्यर्थ ही यहां श्राप दिया है। देवताओं के सामने आप मुझ पतिव्रता को नहीं समझ पाए। इस दुष्ट वायु ने मेरे वस्त्र को उड़ाकर दूसरी ओर कर दिया था। फिर गंगा से उसने कहा कि बहुत ही जल्दी सिद्ध और गन्धर्वों के द्वारा सुरक्षित स्थान महाकाल वन को जाओ। वहां पर जाकर क्षिप्रा नदी के दक्षिण भाग में जाकर उत्तम शिवलिंग के समीप उसकी आराधना करो। ब्रह्मा का यह वचन सुनकर गंगा संतुष्ट हो गई और उसने कहा कि मैं तो वहां जाती हूं क्योंकि वहां मेरी सखी क्षिप्रा नदी है। गंगा उसी स्थल पर आई और उसने उस उत्तम लिंग का दर्शन किया और उन दोनों सखियों का मिलन हो गया।

इस प्रकार गंगा को वहां देखकर ऋषि मुनि प्रसन्न हुए। शिवजी का वह स्थल भी गंगेश्वर तीर्थ के रूप में विख्यात हुआ और वे गंगेश्वर के रूप में जाने गये। वहां पर समुद्र ने भी गंगा का आदर किया। इस तरह गंगेश्वर की उपासना से महान फल प्राप्त होता है।

प्रयोगेश्वर नाम के देव कामनाओं की पूर्ति करने वाले प्रथम कल्प में स्वायम्भुव मनु थे। उनके प्रियव्रत नाम का पुत्र था। उसने यज्ञ करके सात द्वीपों में भरत आदि पुत्रों की प्राप्ति की थी फिर बदरिकाश्रम में जाकर तपस्या करने लगा। वहां नारदजी आए। प्रियव्रत ने उनका पूजन किया और पूछा कि आश्चर्य क्या है तो नारद जी बोले कि हे राजन्, मैंने श्वेत द्वीप में एक तालाब में एक कन्या को देखा तो मैंने उससे पूछा कि आप इस निर्जन वन में अकेले क्यों निवास कर रही हैं और आप कौन हैं। आप बहुत सुन्दर हैं किन्तु आप अपने विषय में बताइए। किन्तु वह कन्या उसी तरह खड़ी रही और मैं आश्चर्य में पड़ गया। मेरे आश्चर्य का ठिकाना नहीं रहा कि मैंने उसके शरीर में से एक दिव्य पुमान देखा तो मैंने उससे पूछा कि मेरे समस्त वेद ज्ञान लुप्त कैसे हो गये हैं। इस पर वह

बोली कि मैं समस्त वेदों की ज्ञाता हूं और मेरा नाम सावित्री है तुम मुझको नहीं जानते। इसलिए आपके सारे वेद मैंने हर लिए हैं। तब मैंने उससे पूछा कि यदि आप समस्त वेदों की माता हैं तो आपके हृदय में दिखाई देने वाले ये तीन पुरुष कौन हैं तब उन्होंने बताया कि पहला ऋग्वेद, दूसरा यजुर्वेद और तीसरा साम्यवेद है। हे ब्राह्मण तीनों अग्नियां और तीनों देव मेरे शरीर में रहते हैं यह कहकर वह वहां से अन्तर्धान हो गई। फिर मुझे इस बात की चिन्ता हुई कि अब क्या करूं। मेरे समस्त वेद शास्त्र आगे कैसे अभिभूत होंगे। मैंने प्रयागेश्वर के विषय में सुन रखा था। वह कामनाओं की पूर्ति करने वाला तीर्थ है। यह जानकर मैं प्रयाग तीर्थ आया मैंने वहां तप किया। तब स्वयं मूर्तिमान प्रयाग वहां आए और उन्होंने मुझे महाकाल वन में आने के लिए कहा। जब प्रयाग बोल रहे थे तब वहां भगवान् जनार्दन अभिभूत हो गये। वे पुरुषोत्तम बोले कि आइए नारद जी वहां चलते हैं तब मैंने कहा कि मैं तो वेद के ज्ञान से रहित हो गया हूं, मैं वहां कैसे जाऊंगा। मेरे यह कहने पर वे तुरन्त मुझे महाकाल वन ले आए। वहां घण्टेश्वर पर्व में स्नातन ज्योति रूप में विद्यमान है। प्रयाग ने उनकी पूजा की तब उसे ज्योति लिंग ने कहा कि मैं इस नारद के लिए आया हूं। आप इसे ज्ञान प्रदान कीजिए। इसके वेद नष्ट हो गये हैं। हे राजा उस समय सावित्री देवी ने मुझसे कहा कि इस लिंग की पूजा के प्रभाव से आपको वेद ज्ञान पुनः मिल जाएगा। इसके बाद मुझे सारे वेद प्राप्त हो गये। हे नृप श्रेष्ठ ज्ञान प्राप्त करके मैंने वहां यह बात कही कि क्योंकि प्रयाग ने मुझे ज्ञान प्राप्त कराया है इसलिए यह प्रयागेश्वर के नाम से प्रसिद्ध होंगे। तब से लेकर अब तक सैकड़ों तीर्थ और लिंगों की स्थापना हुई है और प्रयागेश्वर वर्ग के फल को देने वाले न गये हैं।

रेवा खण्ड

सूतजी ने सबसे पहले पुराण और संहिताओं की उत्पत्ति और महत्त्व बताते हुए कहा कि जो व्यक्ति पुराणों को नहीं जानता वह कुछ भी नहीं जानता क्योंकि सब प्रकार का धर्म और ज्ञान पुराणों में विद्यमान है। जीवन का कोई ऐसा तत्त्व नहीं है जिसकी प्रतिष्ठा पुराणों में न की गई हो। पुराण वेदों की आत्मा हैं और वह सब शास्त्रों का ब्रह्मा कहा जाता है।

सूतजी ने कहा सबसे पहले ब्रह्मा के मुख से वेदों की अभिव्यक्ति हुई और उसके बाद पुराणों की। मूल रूप से 18 पुराण कहे गये हैं किन्तु इनसे भी अधिक पुराणों की संख्या है। पुराण के पांच लक्षण होते हैं सर्ग-प्रतिसर्ग-वंश-मनवन्तर और वंशों को अनुचरित। पुराणों में ब्रह्म पुराण में 10 हज़ार श्लोक हैं। फिर पद्म पुराण जिनके छन्दों की संख्या लगभग 55 हजार कही गई है। तीसरा विश्व पुराण है जिसके श्लोकों की संख्या 23 हजार है। चौथा वासु पुराण या शिव पुराण, इसकी श्लोक संख्या 24 हजार मानी गई है। पांचवां पुराण भविष्य पुराण है और फिर छठा मार्कण्डेय पुराण। अग्नि पुराण सांतवें नम्बर पर आता है । फिर नारद पुराण, भागवत महापुराण, ब्रह्म वैवर्त पुराण और लिंग पुराण, वराह पुराण, स्कन्द पुराण (स्कन्द पुराण सबसे बड़ा पुराण माना जाता है) फिर उर्व पुराण, मत्स्य पुराण, फिर गरुड़ पुराण और ब्रह्माण्ड पुराण हैं। ये सभी पुराण पुण्यमयी कथाओं से भरे हुए हैं। अब मैं आपको रेवा का महात्म्य वर्णित करता हूं। हे मुनि श्रेष्ठ रेवा नदी के महत्त्व को केवल ब्रह्मा ही वर्णित कर सकते हैं इससे पहले भी कई बार इस प्रश्न को पूछा जा चुका है। सौनक जी ने भी इसका उत्तर दिया था। पुराने समय में परिक्षित ने भी यह प्रश्न किया था। एक बार जन्मेजय ने वेशम्पायनजी से पूछा कि आप हमें पितृगणों के तीर्थों का सेवन करने का वृतान्त बताइए। मेरे पूर्व पितामह किस कारण जुए में जीत लिए गए और कैसे उन्होंने कष्ट सहे।

तथा इसके साथ यह भी बताइए कि वे किस प्रकार से इस पृथ्वी पर घूमते रहे। वेशम्पायजन जी ने कहा कि तुम्हारे पिता पांच पांडव थे और वे भगवान् कृष्ण के साथ से अलंकृत रहा करते थे। उन्होंने काम्यक वन में ब्राह्मणों के साथ निवास किया था। काम्यक वन में महामुनि विभाण्डक, पुलस्त्य लोमश रहा करते थे। यहां पर इस सुन्दर आश्रम में अनेक प्रकार के वृक्ष अर्जन, बिल्व, केतक, कदम्ब, आम्र, मधुक, निम्ब, जम्बीर, तिंदुक, नारिकेल, खजूर आदि सुशोभित होते थे और यह सारा आश्रम नाग वल्लियों से भरा हुआ था। इस परम सुन्दर आश्रम में कोयल, सिंह, वराह, व्याघ्र, गज, कुरंग, गण्डक आदि पशु भी प्रेमपूर्वक विचरण किया करते थे। यहां पर लोगों को भूख और प्यास बिल्कुल नहीं सताती थी। इस वन में पाण्डवों ने मार्कण्डेय मुनि के दर्शन किए थे। वे मुनि परम कुलीन और सत्वगुण सम्पन्न थे। उनमें कुछ तो पांच अग्नियों के बीच स्थिर होकर तप करने वाले थे। कुछ लोग केवल एक समय आहार करते थे और कुछ बारह दिन में एक दिन भोजन करते थे। युधिष्ठिर ने एक ऐसे आश्रम में प्रवेश किया और उन्होंने मुनि मार्कण्डेय के चरणों में गिरकर नमस्कार किया। जब मुनि ने उनका परिचय जानना चाहता तो उनके साथी ने कहा कि ये धर्मराज हैं। यह सुनकर मुनि ने बहुत ही आदर से उन्हें बुलाया। तब युधिष्ठिर ने मुनि से पूछा कि गंगा आदि समस्त सरिताएं जो समुद्र के अंत तक प्रवाहित होती हैं, उनमें से कौन-सी नदी अधिक पुण्यशाली है।

मार्कण्डेय ने कहा—हे धर्म के पुत्र युधिष्ठिर! आप तो महाप्राज्ञ हैं। बहुत अच्छी बात है। आपका प्रश्न अच्छा है। मैं न्यायपूर्वक सब कहता हूं। अनध! आप जो भी पूछ रहे हैं वह सभी बताता हूं। समस्त प्रकार के पापों का हरण करने वाला परम पुण्यमय पुराण वही है जिसको भगवान् रुद्र ने कहा है। इस पुराण को जो मनुष्य भक्तिभाव से युक्त होकर श्रवण किया करता है उसका जो पुण्य-फल होता है उसका श्रवण करो। हे राजन्, एक सहस्र अश्वमेध यज्ञ और सौ बाजपेय यज्ञ के समान ही उसका पुण्य फल होता है इसमें तनिक भी संशय नहीं है।

गंगा नदी सब नदियों में श्रेष्ठ है लेकिन नर्मदा नदी का महत्त्व बहुत बड़ा है। नर्मदा नदी सात कल्पों के क्षय होने के बाद भी कभी नष्ट नहीं

होती। यही नदी हमेशा विद्यमान रहती है। गंगा आदि के क्षय होने पर भी उसका क्षय नहीं होता।

एक बार समुद्र से उत्तीर्ण होकर स्वर्ण आभा वाले चित्रकूट पर्वत अपनी दिव्य ज्योति से विराजमान थे। ईशान, अव्यय, महात्मा, अज आदि के साथ उनकी चरण वन्दना की गई। मैं उस समय रुद्र के साथ एकार्णव में रहता था। मैंने यह पूछा कि यह कमल-नेत्रों के समान कौन है। जो अंधकार से पूर्ण स्थान में योगी के समान भ्रमण कर रही है। जब मैंने यह प्रश्न भगवान् सूत से पूछा तो उन्होंने उत्तर दिया कि यह रुद्र से उत्पन्न हुई वरवर्णिनी है। प्राचीन काल में परम शान्त शरीर वाले शिवजी ने तपस्या की थी और उन्होंने यह तप लोक हित में किया था। तप करते हुए उन्हें बहुत पसीना हो आया और पसीने से वह पर्वत भीग गया। उसी से यह पुण्य देने वाली नदी उत्पन्न हुई है जिसे तुमने पदम् दल के समान देखा है। पहले इसने स्त्री के रूप में स्थित होकर भगवान् रुद्र की अराधना की और जब वे प्रसन्न हो गये तब उसने कहा कि स्थावर, जंगम सब नष्ट हो जाएं तब भी मैं बहती रहूं और आपके प्रसाद से मुझमें स्नान करने वाले पापमुक्त हो जाया करें। मैं उत्तर दिशा में जाने वाली गंगा के विपरीत दक्षिण दिशा में जाऊं। मुझे उसी तरह से ख्याति मिले। जो मेरे किनारे पर आपकी पूजा करें वे आपके लोक को प्राप्त हों और आप स्वयं देवता और ऊमा देवी के साथ मेरे किनारे पर निवास करें। यदि आप मुझ पर प्रसन्न हैं तो मुझे महापातक नष्ट करने वाला पवित्र रूप दें।

नर्मदा से यह सुनकर भगवान् शिव ने सब कुछ प्रदान कर दिया। उन्होंने कहा कि मनुष्य की तो बात क्या कीड़े, पतंगे, वृक्ष, लताएं भी तुम्हारे जल को स्पर्श करके संसार सागर से पार हो जाएंगी। मैं तुम्हारे किनारे पर तुम्हारे ही साथ निवास करूंगा और ब्रह्मा, इन्द्र, वरुण, आदि भी मेरी आज्ञा से उत्तर तट पर मेरे पास ही निवास करेंगे।

महामुनि मार्कण्डेय ने कहा जब नर्मदा को यह सारी शक्ति प्राप्त हो गई तो ब्राह्मण उनकी पूजा करने लगे। हे परम पुण्य जल वाली! आपकी सेवा में हमारा नमस्कार है। मकर गामिनि आपके लिए हमारा नमस्कार है। हे देवि! पापों के मोचन करने वाली आपको नमस्कार है। हे वरानने! आपको हमारा प्रणाम है। हे पुण्य जल के आश्रय वाली हे परम शुभे!

आपको नमस्कार है। आप विशुद्ध सत्व वाली और सुरों के द्वारा सेवित हैं। समस्त तीर्थों के समुदाय के द्वारा सेवित और विशुद्ध सत्व सम्पन्न आपको नमस्कार है। आप सुरों और सिद्धों के द्वारा सदा सेवित हैं। आप भगवान् रुद्र के अंग से परम वरिष्ठ हैं। आपको हमारा नमस्कार है। हे वरों के प्रदान करने वाली देवि! हे शिवे! आपको प्रणाम है। दोनों लोकों में सौख्य के प्रदान करने वाली देवी। आपको अनेकों भूतों के समुदायों की समाश्रय देने वाली और अनूप हैं आपको हमारा नमस्कार है। आप समस्त सरिताओं में श्रेष्ठ हैं। हे पाप हरे! हे विचित्रिते! आप गन्धर्व-राक्षस; उरगों के द्वारा सेवित अंग वाली हैं। हे सनातनि! समस्त प्राणियों के गणों पर कृपा करने वाली हैं और मोक्ष को प्रदान करने वाली हैं। हे देवि! आप हमारा कल्याण करें। हे महान् उर्मियों की माला वाली! हे देवि! आप महान गजों के समुदाय-महिष और वराहों के द्वारा भलीभांति सेवित हैं। हे वरदे! हे सुखपदे! हम सब नत हैं और हमको पशुपाश के बन्ध से विमुक्त कराइये। अनेक अशुभ पापों से विशेष रूप से बद्ध मनुष्य अभी तक नरकों में भ्रमण किया करते हैं जब तक महानिलोद्भूत आपके जल का वे स्पर्श नहीं करते हैं।

इसके आगे नर्मदा की स्तुति करते हुए उन्होंने कहा—इस प्रदूषित कलियुग में जो परम छोर है सभी सर और नदियां क्षय हो प्राप्त हो जाया करते हैं। हे देवि! आप तो जल के ओघ से परिपूर्ण हुई भ्राजमान रहती हैं जैसे दिव्यलोक में और नक्षत्र पथ में गंगा रहा करती है। हे वरिष्ट! हे वरदे! इस काल का परिपालन करके आपके सुप्रसाद से हम रुद्र के समीप में व्याप्त हो जायें उसी प्रकार आप हमारे ऊपर प्रसाद करिए। आप हमारी माता की तरह ही हमारी रक्षा कीजिए। जो लोग इस स्त्रोत को पढ़ते हैं वे सम्पूर्ण पापों से मुक्ति पा लेते हैं और दिव्य वस्त्रादि ग्रहण कर रुद्र के लोक को प्राप्त करते हैं।

राजा युधिष्ठिर ने पूछा कि कावेरी तीर्थ और नदी भी इस लोक में विख्यात है। मैं उसकी महत्ता को सुनना चाहता हूं। उसके दर्शन, स्पर्श से क्या पुण्य प्राप्त होते हैं।

यह सुनकर मार्कण्डेय जी ने कहा—महान् सत्य वाला एक यक्ष कुबेर के नाम से प्रसिद्ध था। वह इस तीर्थ के प्रभाव से यक्षों का राजा

हो गया। कावेरी के संगम में स्नान करने के बाद वह बहुत पराक्रमी हो गया। उसने यहां महादेव की आराधना की और घोर तप किया। कुछ समय बाद वह दिन में एक बार ही खाने लगा फिर पक्ष में एक बार। फिर उसने फल-फूल भी छोड़ दिया। सौ वर्ष समाप्त होने पर भगवान् प्रसन्न हुए तो उसे उसकी याचना करने पर यक्षों का स्वामी बना दिया और अंतर्ध्यान हो गए। बहुत समय तक यहां उस यक्ष ने राज्य किया। यहां इस स्थल में अन्य देवी देवता, गन्धर्व किन्नर भी रहते हैं। यह समस्त लोकों का द्वार है और यहां का जीवन बहुत सुन्दर है। जो मनुष्य इस कावेरी और नर्मदा के संगम में स्नान करते हैं और तिल के लड्डू दान करते हैं वे अपने पितामह को नरक से उबार लेते हैं। इस तीर्थ में आकर मनुष्य का तेज सूर्य के समान हो जाता है और वह राजा के गुणों से युक्त हो जाता है। इन तीनों लोकों के इस नदी के समान और कौन-सी महत्त्वपूर्ण नदी है। जिसने नर्मदा का जल पा लिया है और जो इसकी परिक्रमा करते हैं वे पुण्यशाली है। 15 जन्मों तक ऐसे मनुष्यों की सम्पत्ति का नुकसान नहीं होता। गंगा-यमुना के संगम में मनुष्य को जो फल मिलता है वही कावेरी के स्नान में मिलता है। कावेरी और नर्मदा का संगम आठ गुणा फल देने वाला कहा गया है। इन सरिताओं के किनारे अमरेश्वर लिंग है और दूसरा चण्डहस्त नामक लिंग है। ये पहले भगवान् शिव के द्वारा कावेरी के अभिरक्षक के रूप में स्थापित किए गए थे। यहां पर किसी भी प्रकार का पाप नष्ट हो जाता है। यह कावेरी नदी साक्षात् रुद्र के देह से उत्पन्न हुई है और इसीलिए पुण्यवती कही गई है।

इसके बाद मार्कण्डेय जी ने कहा कि अब आप एक और तीर्थ के विषय में सुनिए। इस शूलभेद तीर्थ को भगवान् शिव ने रेवा नदी के किनारे स्थित किया था। इस तीर्थ में आकर मानसिक, वाचिक और शारीरिक रोगों से छुटकारा मिल जाता है। यह तीर्थ पांच कोस के स्थान में स्थापित है। रेवा नदी के तट पर दक्षिण दिशा में भृगु संज्ञा वाला पर्वत है। उसके शिखर पर भगवान् शम्भु ने शूलभेद नाम से इस तीर्थ की स्थापना की थी। इस तीर्थ के चारों दिशाओं में वृक्ष लगे हुए थे। शूलभेद से निकली हुई गौर्वाण नाम की नदी है और वह समस्त पापों को नष्ट करने वाली है। उस नदी में आकर अंधे लोगों को भी दृष्टि मिल जाती है। शूलभेद का बहुत पुण्य

है और इसका पुण्य गया तीर्थ के समान ही माना जाता है। यहां के लिए कहा जाता है कि देवेश्वर के पूर्व भाग में ऊमा देवी की पूजा करनी चाहिए और फिर भक्ति भाव से मार्कण्डेय की पूजा करनी चाहिए। इससे मनुष्य का अज्ञान नष्ट होता है। यहां तीर्थ में उत्तम कोटि के लोगों की भी प्रतिष्ठा है। यह सारा स्थान देवमय है। स्नान के योग से लिंग के मध्य में स्कन्द विस्फुलिंग के रूप में प्रकट होते हैं। यहां पर तेल से अर्पण नहीं किया जाता। जो पुरुष तीनों कालों में भगवान् शूलभेद का स्मरण करता है वह पवित्र हो जाता है और सभी पुण्यों को प्राप्त करता है। इस प्रकार मैंने इस शूलभेद का वर्णन आपके सामने कर दिया।

इसके बाद मार्कण्डेय ने बताया कि नर्मदा के किनारे निवास करने वाले ऋषि-मुनियों के चले जाने पर यहां पर रौद्र संहार हुआ। ब्रह्मा आदि समस्त देवता कैलाश पर्वत पर चले गए और वहां यजुसामवेद के भगवान् शिव की उपासना की और उनमें समय प्राप्ति के बाद संहार की प्रार्थना की। उन्होंने कहा कि मेरे द्वारा रूप लेकर आपने जगत् को सृजित किया था और फिर विष्णु के रूप में इसका पालन किया था आपकी ही एक मूर्ति, ब्राह्मी वैष्णवी और शैवी हो सकता है अब आप इस जगत् का संहार कीजिए।

यह सुनकर उमा सहित शुभ भगवान् ने इन सात लोकों का विभेद कर दिया। भू से लेकर ब्रह्म लोक के अंत तक पर से पर तक का विभेदन किया। वहां न वायु न आकाश और न अग्नि होती है। यहां शंकर और उमा ही शेष होते हैं। वहां सुख दुख लोक परलोक कुछ नहीं है। इसे ही शैव पद कहते हैं। कुछ लोग इसे क्षेत्रज्ञ ईश या आत्मा कहते हैं। सांख्य उसे ही आदि मोक्ष कहकर जानते हैं। कुछ लोग उसे आद्य ब्रह्म कहते हैं और कुछ सर्व-ईशान भी। किन्तु ये तीनों एक ही इस रूप को प्राप्त करके अभेद हो जाते हैं। प्रकृति के साथ संयुक्त होकर सृजन करते हैं और फिर उसका विजर्सन करते हैं। परमेश्वर अपने आप में ही कारण स्वरूप पुरुष और प्रकृति तत्व उससे ही यह सम्पूर्ण चराचर जगत् उत्पन्न हुआ है और युग के अंत में उनमें ही विलीन हो जाएगा। यह सारा संसार भग लिंग द्वारा अंकित है। भगवान् विष्णु भग रूप हैं और लिंग रूप महेश्वर। सभी लोकों में दीप्तिमान सभी भूलों में प्रविष्ट होने के कारण विष्णु को भग रूप कहा गया है।

विष्णु सब देवों से परिपूर्ण विशन होने के कारण ही इस नाम से जाने गए फाशन और गमन होने से भग संख्या बनाई गई हैं क्योंकि उन्हीं में यह जगत् लय होता है। और यह जगत् जिससे लय को प्राप्त करता है उसे बुद्धिमान लोग लिंग की संज्ञा देते हैं। समय आने पर महादेव ही अपने पास में स्थित देवी से सम्पूर्ण जगत् का संहार करने के लिए कहते हैं। वे कहते हैं कि हे देवि, परम रौद्र रूप धारण करके जगत् का भक्षण कर डालो फिर मैं इसको प्लावित कर दूंगा।

श्रीदेवी ने कहा कि हे देव मैं इस संपूर्ण जगत् का संहार नहीं करती। मैं माता हूं, मेरे हृदय में करुणा है। मैं माता होकर जगत् का संहार नहीं कर सकती इसलिए आप ही इस कार्य को कीजिए। तब भगवान् रुद्र ने उन्हें फटकार दी। तब फिर उस देवी ने हुंकार किया और महान् नादों से हुम-हुम करती हुई महा रौद्र वाली होकर फैल गई। उसके केश मुक्त हो गये। परम विशाल नेत्रों वाली वह व्याघ्र के चरम को धारण करने वाली हो गई। वह अग्नि के पुंज से विभूषित थी। उसने काले सर्पों के कुण्डल धारण किए हुए थे और उसने क्रूरता से फूत्कार किया और अट्टहास किया। वह सम्पूर्ण जगत् को दर्द कर रही थी। देवता यक्ष किन्नर सब पतित हो रहे थे।

उस समय सारे ब्रह्माण्ड में पतन का महोत्सव हो रहा था। पर्वत खण्ड-खण्ड होकर गिर रहे थे। इस प्रकार रुद्र के कहने पर समस्त भूतों की हिंसा करती हुई वह शिवा साक्षात् चण्डी हो गई थी। उस कालरात्रि के महा विनाश में वह एक दिन नौ प्रकार की हो गई थी और फिर एक-एक दस-दस रूपों में हो गई थी। इस प्रकार अनेक रूपों में होकर वह सहस्त्र रूप वाली हो गई। भगवान् शिव की आज्ञा से वह अत्यन्त विचित्र रूपों वाली हो गई थी। उस समय आकाश में सभी दिशाओं में निकट आयुधों के धारण करने वाले महेश्वर के मण नश्यमान उन सबको रुन्धित करते हुए स्थित थे। शूल-पट्टिश हथियारों को ग्रहण करके उसी देवी के साथ वे सब गण विचरण कर रहे थे। इसके अनन्तर कुछ मातृगण विनायक के गणों के सहित महान रौद्र रूप वाले इस जगत् के संहार करने वाले बढ़ गये थे। इसके पश्चात् उस देवी की दाढ़े बढ़ गई थीं जो कुन्द के पुष्प और चन्द्र के तुल्य श्वेत थीं। वे इतनी अधिक बढ़ हो गई

थीं जो सहसों-अर्बुतों और अर्बुदों योजन लम्बी थीं। उस देवी की दाढ़ों की पंक्ति और नाखून महान क्रूर तीक्ष्ण और कर्कश थे जो आकाश-दिशाएं और सात द्वीपों वाली पृथ्वी पर मानों लेखन सा कर रहे हों।

इस प्रकार उस भयंकर संहार से गिरि पर्वत सब. चूर-चूर हो गये। उत्पातों से दिशाएं व्याप्त हो गई थीं। तारा-मण्डल विभेदित हो रहे थे। इसके बाद उस कालरात्रि में सम्पूर्ण जगत् का संहार हुआ। उस घोर रूप वाली अम्बिका के साथ घोर रूप वाली मातृकाओं ने अपनी टंकार और हुंकारों से संहार उत्पन्न कर दिया। विभिन्न जम्बू शाक और कुश आदि द्वीपों में तथा पर्वत में रहने वाले मनुष्य मृत्यु को प्राप्त हो गये। चारों तरफ ये मातृकाएं संहार करते हुए दौड़ रही थीं। महामाया के हाथों में कपाल था और उनका रूप अत्यंत विकट था। वे समस्त सुरों और असुरों को खाती हुई अट्टहास करती हुई फिर अपने स्थान पर आई जहां साक्षात् महादेव विराजमान थे। नर्मदा के किनारे आकर वह अपने मातृ के सहित निवास करने लगी। यहीं पास में अमरकंटक नाम का क्षेत्र भगवान् शम्भु के द्वारा निर्मित किया गया है। यहां उमा के साथ वे सदैव विराजमान रहते हैं। यहां ताड़ वृक्षों के बीच मातृ गणों के साथ भगवान् शंकर नृत्य किया करते हैं। अन्य गण भी नृत्य करते हैं। यहां पर नर्मदा माता को अपनी नाना तरंगों से परिपूर्ण जगत् का दुःख हरते हुए मैंने देखा है। उसने मानो नागों के यज्ञोपवतीत धारण किए हुए हैं। यहां पर वह समुद्र के समान ही लगती हैं। वह मुनियों के द्वारा वन्दनीय है। यह नदी सम्पूर्ण भूभाग को अपने जल से सींच रही है।

नर्मदा का जल कृष्ण वर्ण वाला है और उस समय वह वज्र तथा अन्य शस्त्रों में भेदी जा रही थी। यह वह संहार था जिसमें चंद्रमा और सूर्य की किरणें भी नष्ट हो गईं। इसके बाद सारे विश्व को जलाती हुई एक चक्री अर्थात् वायु का महावात चलने लगा और वायु ने सातों सागरों को शोषित कर लिया। भगवान् शम्भु के धनुष धारण करते हुए शूल को भी धारण किया और कवच पहने तथा नरमुंडों की माला अपने गले में डाली। सृष्टि का यह संहार काल शम्भु की आज्ञा से ही देवी के द्वारा प्रस्तुत किया गया। यह महादेव कैसे हैं कि इनके माथे पर विष की अग्नि चन्द्रमा और गंगा के साथ विराजमान है। वे हाथी के चरम के वस्त्र

पहनने वाले हैं और डमरू बजाते हैं। प्रलय के समय वे ही भयंकर होते हैं और युगांत काल में वह रक्त कमल पद्म राग सिंदूर और बिजली से युक्त होकर तप्त लिंग से क्रीड़ा कहते हैं। यह सबसे वरेण्य है।

इसके बाद मार्कण्डेयजी ने कहा कि भगवान् शूलधारी अपने भूतों गणों के साथ संहार काल के समय ताण्डव नृत्य करते हैं। और इस समय वे हाथी का चर्म धारण करते हैं। देवताओं और अन्य लोगों को प्रसन्न करते हुए रक्त से चर्चित अंगों वाले होकर और नाग को धारण करते हुए नृत्य करते हैं। संहार काल में भगवान् के ताण्डव नृत्य के कई रूप हो जाते हैं। उनके अट्टहास से असनिपात हो जाता है और दिशाओं में हलचल मच जाती है।

हे ब्राह्मण, बिजली की कांति के समान यह कौन है जो इस सारे भूतल में क्रीड़ा कर रहा है यह काला नग शरीर को धारण करने वाला इसके अट्टहास मात्र से संसार परकम्पित हो जाता है। ये कौन है जो त्रिलोकी को संहार करने की इच्छा रखता है। इस प्रकार के प्रश्नों के उत्तर में ब्रह्मा जी बोले कि यह काल ही है जिसमें अक्षय आत्मा वाले प्रभु विद्यमान रहते हैं। वे जगत् और त्रिविद के संहार करने की इच्छा वाले होते हैं। जब संवतसर पूरे हो जाते हैं तो यह ब्रह्मा का स्वरूप संहारात्मक हो जाता है। यह सूक्ष्म और स्थूल दोनों हैं। ये परापर आदि ब्रह्म है। ब्रह्माजी ने कहा इनको बार-बार नमस्कार करना चाहिए। फिर स्तुति करते हुए कहा कि आप ही महेश्वर हैं, विष्णु और ईश हैं। वेदों में आपको ही सबसे बड़ा और वरेण्य माना गया है। उनकी स्तुति सुनकर महादेव जी ने कहा कि मैं आपकी शांति का पोषण करता हूं। आप इस संसार में देखो। यह सुनकर ब्रह्माजी एक साथ देवी और देव को जानकर वहीं स्थित हो गए।

मार्कण्डेयजी ने कहा कि हे मुनियों, जब ब्रह्माजी ने शिवजी की स्तुति की ओर भगवान् शिव ने संसार का संहार किया तो उस रौद्र रूप का दर्शन करते हुए उनका वर्णन किया गया। वह उनका स्वाभाविक स्वरूप था। रोमांच खड़े कर देने वाला और बड़े-बड़े सांपों को सिर पर धारण करने वाला, बिजली आग के समान तीन नेत्रों वाला स्वरूप था। हे राजेन्द्र, मैं इस सम्पूर्ण जगत् को भगवान् शिव के फैलाए हुए मुंह से

देखता हूं। मैंने यह भी देखा कि सैकड़ों योजन .तक सुर असुर गन्धर्व सहस्रों की संख्या में उनके दांतों में दबा हुए दिखाई दे रहे थे। मैंने यह भी देखा अनेक लहरों से युक्त नदियां उनके मुख में लय हो रही थीं और अनेक जीव उसी प्रकार लय हो रहे थे। मैंने देखा कि सम्पूर्ण विश्व बादल की तरह से गर्जन करने वाले रुद्र के मुख में प्रवेश कर गया। उनके मुख से निकलती हुई ज्वालाएं सबको जला रही थीं। उनसे सारी दिशाएं प्रकाशित हो रहीं थीं। धीरे-धीरे उन महेश्वर का मुख सैकड़ों जीभों वाले सूर्य की तरह से हो गया। मानो सूर्य की सहस्रों ज्वालाएं निकल रही हों। इसके पश्चात् रुद्र के मुख से बारह आदित्य निकले। ये सब आदित्य दक्षिणा दिशा का आश्रय लेकर सम्पूर्ण भूमि को जलाने वाले थे।

इस भूमि पर जितना भी जीवन था वह तो वर्ष के न होने के कारण पहले ही नष्ट हो गया था। फल फूल वृक्ष सब सूख गये थे और सम्पूर्ण पृथ्वी का तल धुएं से व्याकुल हो गया था। ग्रह तारागण नष्ट हो गए थे। सातों द्वीपों वाले समुद्र और तालाब और सरोवर आहुति के समान जलते जा रहे थे। रुद्र देव ने उत्पन्न आदित्यों ने इस संसार को जला डाला। यहां तक कि उन्होंने सुमेरु पर्वत से ले लेकर मंद्राचल तक सब कुछ जला डाला और फिर पाताल लोक तक नाग लोक को भी जला दिया। रुद्र ने निकली हुई अग्नि अंगारों से युक्त चारों तरफ पृथ्वी को जला चुकी थी। तो पृथ्वी की पीठ कछुए की पीछ की तरह हो गई थी। न तिनका न झरना न नदी कुछ भी तो नहीं बचा था। इस तरह इन ज्वालाओं में जगत् को आकुल करके महेश्वर अपने रूप में स्थिर हो गये थे। बहुत सी मातृगणों की पंक्तियों युक्त यक्ष नाग और राक्षसों को देवी ने महादेव में ही प्रवेश करा दिया था और फिर शांत होते हुए परम निर्वाण को प्राप्त हो गई।

भगवान् शूली की आराधना से मैं अजर और अमर हो गया। सरिता और सागर सब भस्म हो गये थे। केवल अमृत से युक्त नर्मदा शेष रह गई थी। महेन्द्र मल विन्ध्य आदि जो पर्वत कहे गये हैं उनकी शिलाएं भी टूट-फूट गई थीं। किन्तु उस समय भी नर्मदा का नाश नहीं हुआ। सब कुछ क्षय होने के बाद भी नर्मदा अक्षय नहीं थी।

नर्मदा का माहात्म्य बहुत अधिक है। क्योंकि जब परम श्रेष्ठ ईशान देव के द्वारा अंधकार फैला दिया गया था तब भी वह चमकती थी। जिस

समय यह जगत् चारों तरफ से जल रहा था और जब नदियां सूख रहीं थी तब नर्मदा वैसी ही रही। मैंने ही नर्वदा की बार-बार पूजा की, मैंने ही उसका चिंतन करते हुए महादेव को नमस्कार किया।

मार्कण्डेय जी ने कहा कि इसके बाद मैं अपने बाहुओं से जल पर तैर रहा था। मैंने केवल जल ही सुना तब मैंने देखा कि चन्द्रमा के समान एकदम सफेद गाय के दूध के समान सुन्दर विचित्र अंगों वाली सुन्दर सींगों से युक्त प्रवालों से परिपूर्ण और पूंछ तथा खुरों से सम्पन्न लम्बी नाक वाली पानी पर ऊब चूब करने वाली एक गाय को देखा वह मेरे सामने ही स्थित थी। उसके गले में सोने का घण्टा टंगा हुआ था, उसके चरणों में पानी का झाग नाचता हुआ दिख रहा था। उसकी आकृति बहुत गंभीर थी।

जब मैं उसे देखकर भयभीत हुआ तो उसने मुझसे कहा कि हे पुत्र डरो मत, महादेव की कृपा से न तो तुम्हारी मृत्यु होगी न मेरी ही। तुम मेरी पूंछ पकड़ लो, मैं तुमको तार दूंगी। जब तक संसार में जल प्लावन होगा तब तक मैं भय से उद्धार करूंगी। तुम चाहो तो क्षुधा और प्यास के लिए मेरे स्तनों का पान कर सकते हो। गाय की बात सुनकर मैंने उसका स्तन पिया और मुझ में दिव्य बल पैदा हो गया। जब मैंने अपनी शक्ति का अनुमान लगाया तो मैंने पूछा कि आप कौन हैं जो आपने मेरा कल्याण किया है।

इसके बाद गाय बोली कि क्या तुमने मुझे भुला दिया मैं विश्व रूप वाली महेश्वरी हूं मेरा नाम नर्मदा है। तुम अत्यंत पीड़ित थे और तुम्हें तारने के लिए मुझे भगवान् रुद्र ने यहां भेजा। मैंने तुम्हें बचाया और अब तुम शीघ्रता करो। यह सुनकर मैंने उसकी पूंछ को पकड़ लिया और सहस्त्र वर्षों तक जल में उस अंधकार में विचरण करता रहा। कुछ समय बाद उसी जल में खून के समान आकाश के समान काले पीले वस्त्र धारण करने वाले जिनकी कांति बिजली के समान थी और जो सूर्य के समान मुकुट को धारण किए हुए थे और जो पानी में सोने वाले हैं—ऐसे प्रभु को मैंने देखा। सहस्त्रों नेत्र और वस्त्रों को धारण करने वाले वे देव वहां सोये हुए थे। वे ज्योति की ज्वालाओं से परिपूर्ण और जटाजूटों से युक्त थे। मैंने उनका दर्शन किया और फिर देखा कि इन सर्वव्यापी भगवान् के पास

सोने से बने हुए कुण्डलों ये युक्त विश्व माया की तरह से सिद्धि और कीर्ति की तरह से महान् अयोनिजा कालरात्रि को मैंने उनके पास देखा। वे चन्द्रमा के समान मुख वाली ऊमा ही थीं। मैंने भगवान् ईश की प्रदक्षिणा करके उन्हें नमस्कार किया इसके बाद रात्रि में कुछ ध्वनि होने पर वे जाग गए। उन्होंने सम्पूर्ण जगत् को नष्ट हुआ देखकर यह सोचा क्या करना चाहिए तब उन्होंने वराह का रूप धारण किया। उन्होंने अम्बोधर के समान लम्बी माला गले में धारण की। वे शंखचक्र और खड्ग धारण किए हुए थे। वे तीनों लोकों का निर्माण करने वाले लग रहे थे। उन्होंने सारी पृथ्वी का संरक्षण करते हुए क्षण भर में जल के अन्दर प्रवेश किया और जल में डूबी हुई कमल के समान नेत्रों वाली इस धरती का स्पर्श किया। फिर उन्होंने बड़े-बड़े पर्वतों वाली पृथ्वी को अपने अतुल साहस से एक दृंष्ट्रा से ही उठा लिया। उनके अग्र भाग में कैलाश पर्वत से युक्त धरती सुशोभित हो रही थी। पानी में डूबी हुई धरती का उद्धार करने वाले उन वराह भगवान् ने धरती को ऊपर उठा लिया। उन्होंने उदीर्ण सत्व और अनुपम प्रभाव से युक्त होकर नौका की तरह उस भूमि को उठाकर समुद्रों का विभाग कर दिया और जो पर्वत टूट-फूट गए थे उन्हें पुनः स्थापित कर दिया। सभी द्वीपों को भी स्थापित किया, उनके मुख से अग्नि उत्पन्न हुई और उन्होंने अपनी देह को अनेक रूपों में विभाजित करते हुए देवेन्द्र आदियों को व्यवस्थित कर दिया।

इस तरह से सम्पूर्ण जगत् जरायुज स्वेदज और उद्‌भिज रूप में निर्मित हुआ। फिर भगवान् महादेव ने अनेक रूप वाली सृष्टि को अपने मन से ही सृजन किया। जगत् के विधाता ने पल भर में नाम रूप जगत् को बना दिया। अन्तरिक्ष बादल ग्रह का निर्माण हो गया फिर भी मैं उस महानुभावा गाय रूप वाली सर्वेश्वरी को नहीं देख पाया। फिर भी मैंने उनके दर्शन किए। वह वृक्षों से सुशोभित सुन्दर अंगों वाली विद्यमान थी। मैंने अनुभव किया कि आत्मा उन्हीं के समीप विराजमान है। इस प्रकार मेरा कल्याण हुआ और जो मनुष्य वराह महेश्वर कल्प को पढ़ते हैं और उनको सुनते हैं उनका मन निर्मल हो जाता है।

महाराज युधिष्ठिर ने मार्कण्डेयजी से पूछा कि महादेव जल के बीच में उत्तर काशी के दक्षिण किनारे को छोड़कर क्यों रहते हैं? तो उन्होंने

उत्तर दिया कि त्रेता युग में देवों, दानवों और यज्ञों को बहुत कष्ट देता हुआ राजा रावण राज्य किया करता था। वह अपने विमान में सारे संसार का भ्रमण किया करता था। इस तरह एक बार भ्रमण करते हुए वह मय दानव से मिला। विंध्याचल पर्वत के बीच मय दानव तपस्या कर रहा था। रावण उनके पास गया और उससे पूछा कि यह पास में कमल के नेत्र वाली लड़की तपस्या कर रही है। और इनके साथ ही उसने दान और सम्मानों के द्वारा मय की पूजा की। मय दानव ने उसे बताया कि यह मेरी पुत्री हैं और इसका नाम मन्दोदरी है। यह अपने स्वामी की प्राप्ति के लिए तपस्या कर रही है। यह ऊमा देवी की आराधना करती है और अपने पति की कामना करती है। इस पर रावण ने कहा कि मैं पुलस्त्य वंश में पैदा हुआ हूं और शक्तिशाली हूं क्या आप मुझे अपनी पुत्री के देने योग्य समझते हैं। मय दानव ने जब यह सुना तो वह बड़ा प्रसन्न हुआ क्योंकि पितामह के वंश में पुत्री को देना अच्छा लगा। उसने विधिपूर्वक मन्दोदरी का विवाह रावण से कर दिया। उसके बाद रावण मन्दोदरी के साथ अपने विमान में आनन्द मनाता हुआ अपने राज्य में चला गया और वहां समय पर उसके पुत्र पैदा हुआ।

पुत्र के उत्पन्न होते ही बहुत भयानक ध्वनि हुई। इसका स्वर बादलों जैसा था। इसलिए ब्रह्माजी ने इसका नाम मेघनाद रख दिया। उसने भी बहुत तपस्या की और कैलाश पर जाकर लिंग द्रव्य को प्राप्त करके नर्मदा नदी के किनारे जाकर स्नान करने की इच्छा करने लगा। वहां पर उसने देव की स्थापना की, यज्ञ आदि किए और फिर लंका चला गया। एक दिन वह शिवलिंग को स्नान करा रहा था तब वह महालिंग नर्मदा में गिर गया। तब उसने उसकी प्रतिष्ठा जल में ही कर दी और फिर उसको प्रणाम करता हुआ आकाश के मार्ग से चला गया। इस तरह से मेघनाद तीर्थ की स्थिति हुई।

जो व्यक्ति इस तीर्थ में पिण्ड दान करता है उसे अनेक यज्ञों काकल प्राप्त होता है।

इसके बाद मार्कण्डेयजी ने कहा कि अब मैं भिनेश्वर तीर्थ का वर्णन करता हूं। यह तीर्थ सम्पूर्ण पापों को नष्ट करने वाला है। जो मनुष्य अपनी इन्द्रियों पर नियंत्रण करके उपवास करके स्नान करता है और

एकाक्षर मंत्र का जाप करता है तो उसके पाप नष्ट हो जाते हैं। गायत्री के जाप करने से महान पुण्य प्राप्त होता है। हे राजाधिराज, जाप मनुष्य के पापों को उसी तरह जला डालता है। जिस तरह तिनकों को अग्नि जलाती है।

इसी तरह नारदेश्वर नामक तीर्थ है। इसकी स्थापना नारदजी ने की थी। युधिष्ठिर ने पूछने पर मार्कण्डेय जी ने कहा कि नारदजी ने पहले रेवा नदी के किनारे तपस्या की और फिर लकड़ी का लिंग बनाकर पशुपति को संतुष्ट किया। उससे प्रसन्न होकर उन्हें वरदान देने के लिए कहा गया तो नारदजी ने शम्भु से अविचल भक्ति का दान मांगा और यह भी मांगा कि वह सम्पूर्ण वेदों और वेदांगों का ज्ञाता हो जाए। उन्होंने ऐसी दूरदृष्टि की मांग की जिससे वे जगदम्बा पार्वती के दर्शन करते हुए सुर असुरों का युद्ध भी देख सकें। भगवान् शंकर ने उनके मांगे हुए सारे वर उन्हें देते हुए कहा कि आप सब स्थानों पर बिना किसी रोकटोक के भ्रमण करो। छः प्रकार से उत्पन्न जीव, सात स्वर, तीन ग्राम, 21 मूर्च्छाएं और 49 तान, मेरे प्रसाद से तुम्हें सभी का ज्ञान हो जाएगा।

इसके बाद नारदजी ने यह तीर्थ यहां स्थापित किया और जो व्यक्ति इन्द्रियों को जीतकर यहां पर दान करता है उसे परम लोक की प्राप्ति होती है।

हे राजन्! नारदेश्वर तीर्थ में मनुष्य भगवान् रुद्र के सानिध्य को प्राप्त करता है और भक्ति भाव से सूर्य की पूजा करता हुआ अग्नि देव को प्रसन्न करता है। वह मनुष्य कभी भी दरिद्र नहीं होता। रेवा नदी के उत्तर तट पर इस तीर्थ की स्थापना हुई है।

इसी तरह दधिस्कन्ध और मधु स्कन्ध तथा सौवर्णशील तीर्थ भी यहां पर स्थित है और इन सभी तीर्थों में मनुष्य को अपनी कामना की प्राप्ति होती है।

हे राजाधिराज एक कामद तीर्थ नाम का स्त्री पुरुषों को प्रसन्न करने वाला पुण्यमय तीर्थ है। यहां रुद्र और ऊमा की पूजा होती है। जो मनुष्य महादेव मुझ पर प्रसन्न होवें कहकर इस तीर्थ में स्नान करता है उसे अत्यंत पुण्य फल प्राप्त होता है। भगवान् शंकर ने स्वयं कहा था कि जो मनुष्य शका से रहित होकर विधिपूर्वक पूजन करता है उसे मैं प्राप्त हो

जाता हूं। इसका मद तीर्थ में दिया हुआ दान हजार गुणा हो जाता है।

इसके बाद हे राजन् अब मैं तुम्हें महत्त्वपूर्ण स्कन्ध तीर्थ के विषय में बताता हूं। नर्मदा के दक्षिण तट पर स्कन्ध तीर्थ स्थित है और इसे भगवान् स्कन्ध से स्वयं निर्मित किया था। युधिष्ठिर के द्वारा स्कन्ध के विषय में पूछने पर मुनि ने बताया कि जब शिव ने ऊमा देवी के साथ विवाह कर लिया था तो देवताओं ने अपने सेनापति की कामना से शिवजी की पूजा की और कहा कि हमें सेनापति प्रदान कीजिए।

देवताओं की प्रार्थना को सुनकर भगवान् शम्भू ने कामदेव का स्मरण किया और उसके बाद उमा के साथ वर्षों निमग्न रहे। जब अग्नि देव वहां पर पहुंचे तो सहसा महादेव सावधान हो गए और महादेवी ने उनसे कहा कि आपने ही यह प्रार्थना की थी कि आपको एक सेनापति चाहिए। किन्तु इस समय भाव भंग होने के कारण देवता पुत्रहीन हो जायेंगे। फिर महादेव ने कहा कि तुममें ही मेरे तीर्थ को धारण करने की शक्ति है और जब मेरा तेज तुम्हें पीड़ित करेगा तो इसे गंगा में प्रक्षिप्त कर देना। अग्नि ने ऐसा ही किया किन्तु वह तेज गंगा के द्वारा ही सहन नहीं हुआ। उसके बाद उसे उन्होंने सरकण्डों के जंगलों में प्रक्षिप्त कर दिया, वहां पर कृतिकाएं आई तो उस बालक को दूध पिलाने की इच्छा करने लगी, उसने अपने छः मुख से कृतिकाओं का दुग्ध पान किया।

हे राजेन्द्र, कृतिका के दूध पीने से भगवान् ब्रह्मा ने उसका नाम कार्तिकेय रखा। वह षण्मुख के नाम से भी प्रसिद्ध हुआ। ब्रह्मा जी ने उसके सम्पूर्ण संस्कार कराये। और उसे वेदों शास्त्रों का ज्ञाता बनाया। फिर सब जगह होते हुए वे नर्मदा के किनारे पदच्युत हुए। फिर उनके पास आकर महेश्वर ने अपना परिचय दिया और कहा कि तुम जो चाहो अपने माता-पिता से मांग लो। तब कार्तिकेय बोले कि मैं आपको माता-पिता के रूप में वरण करता हूं। इस पर भगवान् शंकर बोले कि आप देवताओं की सेना के सेनापति होंगे और आपका वाहन मोर होगा।

हे राजन्, तभी से यह तीर्थ स्कन्ध तीर्थ के रूप में विख्यात हुआ। जो मनुष्य भक्ति भाव इस तीर्थ में आकर शिव की पूजा करता है उसे परम फल मिलता है।

इस तीर्थ में शुभ और अशुभ दोनों कर्मों से मुक्त होकर मनुष्य सीधा

महादेव के मंदिर में चला जाता है। यहां जिसकी उत्पत्ति होती है उसे बहुत जल्दी ही सम्पूर्ण ज्ञान प्राप्त हो जाता है। यह तीर्थ मनुष्य को निरोग रखता है दुखों का नाश करता है और पुण्यों को देने वाला है। हे राजेन्द्र, इसके बाद अंगिरस तीर्थ और कोटिश तीर्थ का भी बहुत महात्म्य है और केदारेश्वर तीर्थ तो सब पापों का नाश करने वाला है। सृष्टि के पहले समय जब देवता लोग बर्फ से परिपूर्ण होकर बेचैन होते हुए ब्रह्माजी के पास आए तो उन्होंने कहा कि हम हिमालय से त्रस्त हैं तब भगवान् शंकर की याद दिलाते हुए उन्होंने कहा कि आप उनके पास जाइए क्योंकि हिमालय भगवान् शंकर के ससुर हैं। देवता महादेव के पास आए और जब उन्होंने वहां शिवजी के सामने अपनी सारी बातें कहीं और मेरी दर्शन पूजा करके मेरा स्तवन किया तो मैंने भी देवताओं का आदर किया और उनके आने का कारण पूछा। उनके कष्ट को जानकर मैंने हिमालय को बुलाया और उसकी शक्ति की सीमा बना दी। उसे मैंने शैलों का स्वामी बना दिया और गन्धर्वों, यक्षों नगों के लिए अलग-अलग क्रीड़ा और विहार के स्थल बना दिये। इस प्रकार शैल राज को प्रतिष्ठित करके मैं स्वयं लिंग रूप में प्रतिष्ठित हुआ और केदारेश्वर के रूप में प्रसिद्ध हुआ। वहां मैंने मंत्र से अभिक्षित जल निकाला और फिर वहां मनुष्य आए तथा विधिपूर्वक मेरी पूजा करने लगे।

हे परम श्रेष्ठ फिर वहां सब लोग मेरे समान ही हो गये। थोड़ा समय बीतने पर केदारेश्वर का महत्त्व और भी बढ़ने लगा और मनुष्य, ऋषि, मुनि वहां आने लगे। वहां पर कुछ तमोगुण से परिपूर्ण व्यक्ति भी आते थे। मैंने वहां पर बैल की आकृति धारण की और उन लोगों को देखता रहा। लेकिन धीरे-धीरे लोगों में दीनता बसने लगी। फिर मुझे उन पर दया आई और मैंने उनसे कहा कि यहां पर आकर भक्ति के भिन्न-भिन्न मार्गों की बातें मत करो, धर्म शास्त्रों और पुराणों की बुराइयां मत करो। जो ऐसा करता है वह पाप का भागी होता है। यहां भगवान् केदारेश्वर विराजमान हैं और इनके सामने सबको एक समझो।

इसके बाद उनके दर्शन की विभिन्न विधि भी बताई गई और मैंने कहा कि यहां आप सब लोगों की कामनाएं पूरी होंगी। मैं जहां-जहां विभिन्न रूप में स्थापित होऊंगा मैंने यह भी बताया। सब मनुष्यों ने इस

आकाशवाणी को सुना और भगवान् महेश्वर का गुणगान करते हुए महाकाल वन में चले गये। वहीं पर क्षिप्रा नदी में भगवान् भास्कर का दर्शन करते हुए रहा करते हैं। इस तरह उन लोगों ने केदारेश्वर की वास्तविकता को अनुभव किया और उन्हें ज्ञान प्राप्त हुआ कि क्षिप्रा नदी में गंगा का जल विद्यमान है।

मैंने उन्हें बताया कि ब्राह्मण की हत्या करने वाला और चोर व्यक्ति चाहे जैसा भी हो यदि केदारेश्वर की पूजा करता है तो पाप-मुक्त हो जाता है।

इसके बाद पिशाचेश्वर तीर्थ का महत्त्व होता है। इसको भी मैंने स्थापित किया। इस तीर्थ के महत्त्व के विषय में एक घटना सुनाता हूं। कि पिशाच तीर्थ के पास से एक बार शाकटायन ऋषि निकले वे वेदों का अध्ययन करते थे उस मार्ग पर उन्होंने पिशाच को देखा जो बहुत भूखा था और उनके पास उन्हें खाने के लिए दौड़ कर आया था। जब पिशाच शकट पर चढ़ कर ब्राह्मण को खाने का उपक्रम करने लगा तो उसने उसकी वास्तविकता देखी और वह कानों से बहरा हो गया। तब ब्राह्मण ने उससे कहा कि हे पिशाच तू किससे डर रहा है और क्यों भय से दौड़ रहा है। तब उसने कहा कि इस शकट की भयंकर आवाज से मेरे कान बहरे हो गये हैं। तो ब्राह्मण बोला कि तूने मुझे खाने के विषय में सोचा था लेकिन मुझे देखकर तेरी शक्ति नष्ट हो गई है। इस पर पिशाच बोला कि मैं तो सुख प्राप्त करने के लिए दौड़ रहा हूं। तब ब्राह्मण ने कहा कि इस जीवन में सुख कहां मिलता है। तेरा पिशाच होना ही दु:ख का कारण है। जब पिशाच ने ब्राह्मण से प्रार्थना की कि आप मेरा हित कीजिए तो उन्होंने बताया कि दृष्ट कर्म करने पर ही मनुष्य पिशाच योनि को प्राप्त होता है। जो विश्वासघात करते हैं बालक और द्विज को प्रताड़ित करते हैं और धर्म शास्त्रों की बुराई करते हैं पिशाच योनि को प्राप्त करते हैं। अब तुम अपनी मर्यादा समझकर अपने को इस स्थिति से मुक्त करो। पिशाच को थोड़ा-सा ज्ञान हुआ और उसने ब्राह्मण के पैरों पर गिरकर अपनी मुक्ति का उपाय मांगा। तब ब्राह्मण ने कहा कि धर्म के समान कोई और मित्र नहीं है। इसलिए धर्म करो। धर्म को ही तुमने नहीं किया। अब तुम महाकाल वन में जाओ और पिशाचेश्वर की उपासना करो। भगवान्

शिवलिंग के दर्शन करके तुम्हें इस योनि से मुक्ति मिल जायेगी। उसके बाद पिशाच सीधा महाकाल बन गया और उसने क्षिप्रा नदी के अन्दर स्नान करके शिवलिंग के दर्शन किए इससे उसके सारे पाप नष्ट हो गये और पितर भी तर गये। इस तरह इस पिशाचेश्वर तीर्थ का बहुत महत्त्व है।

इसके समान ही अग्नि तीर्थ सर्प तीर्थ भी पापों को दूर करने वाले हैं। महाभाग कपाल तीर्थ का महात्म्य भी बहुत है और ऋषि जमदग्नि के तीर्थ का महत्त्व भी समान है। जमदग्नि तीर्थ के विषय में मार्कण्डेय जी ने बताया कि प्राचीन काल में हैहष नाम् का एक राजा था। वह बहुत वीर था और सहस्त्र बाहुओं वाला था। उसने एक बार ऋषि के आश्रम में पदार्पण किया जहां वे रेणुका नाम की पत्नी के साथ तपस्या करते थे। जब वह वहां आया तो ऋषि ने राजा को आया हुआ जानकर उसका स्वागत किया और सब तरह से भोजन आदि खिलाया। ऋषि को इस सारी वैभवपूर्ण स्थिति को देखकर राजा ने उनसे कामधेनु गाय मांगी। ऋषि ने कहा कि वह करोड़ों गायों के बदले कामधेनु गाय को नहीं दे सकते। इस पर हैहय ने बल प्रयोग किया और ऋषि को भला बुरा कहते हुए कामधेनु गाय को ले जाने लगा। तब ऋषि ने शाप दिया कि जो मेरी इस गाय को ले जायेगा वह बीच में ही मृत्यु को प्राप्त होगा। तब वह राजा ऋषि के शाप से युक्त होकर दौड़ता हुआ भी पृथ्वी पर गिर गया कामधेनु गाय के हुंकार से सहस्त्रार्जुन और ऋषि आदि सभी नष्ट हो गये। फिर राजा ने उस द्विज का वध कर दिया और अपने घर चला गया कुछ समय बाद परशुराम वहां आए जब उन्हें सारी बातों का पता चला तो उन्होंने सहस्त्रार्जुन को मारने की प्रतिज्ञा की। माता ने रोते हुए उन्हें सब कुछ बताया।

परशुराम ने प्रतिज्ञा की कि मैं 21 बार क्षत्रियों का नाश करूंगा इस प्रतिज्ञा के बाद उसने अपने पिता का संस्कार किया। संस्कार के बाद परशुराम ने उस राक्षस को मार गिराया और फिर क्षत्रियों का अंत करने के लिए चारों तरफ घूमने लगे। उन्होंने अनेक रक्त से भरे हुए तालाबों का निर्माण कर दिया। जब लोगों ने उनसे क्षमा याचना की तो उन्होंने यह कार्य समाप्त कर दिया। जिन तालाबों को उन्होंने रुधिर से भरा था उन्हें पुण्य तीर्थों में बदल दिया गया। इस प्रकार यह तीर्थ स्थिति में आया।

परशुराम ने इस तीर्थ की स्थापना की और इसके दर्शन से परम फल प्राप्त होता है।

श्री सूतजी ने कहा कि हे मुनियों जिस तरह से पुराने काल में मार्कण्डेय जी ने यह पुरातन कथा और तीर्थों का महत्त्व राजा युधिष्ठिर को बताया था वह मैंने आपको बता दिया। यह नर्मदा का चरित्र परम पावन है और उत्तम पुण्यों को देने वाला है। रेवा नदी को देखकर ही भगवान् शर्व के द्वारा इसे मेखला के नाम से जाना गया था। रेवा के दोनों किनारों पर करोड़ों तीर्थ स्थित हैं और उनमें स्नान करके मनुष्य अपने जन्मों को सफल करता है। कलियुग में रेवा से प्राप्त होने वाले पुण्यों की गणना नहीं हो सकती। जो लोग इसके किनारे निवास करते हैं वे वैष्णव लोक को प्राप्त होते हैं।

परम धन्य नर्मदा नदी जिस देश में बहती है वह देश धन्य है और जो लोग इस नदी का आश्रय ग्रहण करते हैं वे भी परम धन्य हैं। पुण्यात्मा और पवित्रता जो इस रेवा का चरित्र सुनते हैं और इसका नाम लेकर कीर्तन करते हैं वे महा पापों से छुटकारा पा लेते हैं। बड़े-बड़े तीर्थों के सत्संग से जो पुण्य फल मिलता है वह एकमात्र नर्मदा के चरित्र को सुनकर मिल सकता है।

अब मैं तुम्हें सत्यनारायण और विप्र के संवाद सुनाता हूं। इसमें सत्यनारायण की पूजा और भक्ति से प्राप्त पाप क्षय ओर कामना पूर्ति की कथा है। कमलापति ने देवर्षि नारद से यह कथा स्वयं कही थी।

एक समय की बात है कि नारदजी घूमते-घूमते दूसरे जीवों पर कृपा करने की भावना से मनुष्य लोक गये। यहां उन्होंने मनुष्यों को नाना प्रकार के कष्ट में देखा और उनके कष्ट को दूर करने का उपाय सोचते हुए वे विष्णु लोक आ गये। वहां पर भगवान् नारायण देव के दर्शन हुए और उन्हें नमस्कार करके उनसे कहा कि हे भगवान्, मनुष्य लोक में अनेक योनियों में पड़े लोग पाप कर्म करते हुए पीड़ा भोग रहे हैं। आप ऐसा कोई छोटा सा उपाय बताइए जिससे उनके पाप दूर हों और उन्हें शांति मिले।

भगवान् नारायण ने कहा कि मैं मोह मुक्ति के लिए एक उपाय बताता हूं। पुण्यमय व्रत स्वर्ग और भू लोक में दुर्लभ है। यह श्री सत्यनारायण का व्रत है और यदि इसे विधानपूर्वक किया जाए तो वह मोक्ष देने वाला है।

हे नारद! मनुष्य को चाहिए कि श्रद्धा भक्ति से किसी भी दिन प्रातः काल सत्यनारायण देव का भजन करे और भगवान् की सेवा में सुन्दर नैवेद्य अर्पण करते हुए रम्भा (कदली) के फल भी, खीर गेहूं का आटा या जौ का आटा, शक्कर, या गुड़ ग्रहण करे और इनको एक रूप में कूटकर भगवान् को अर्पण करे। सत्यनारायण प्रभु की कथा सुने और भक्ति भाव से ब्राह्मणों को भोजन करा कर प्रसाद ग्रहण करे।

इसके बाद प्रभु का स्मरण करते हुए अपने घर की ओर जाए। कलियुग में सत्यनारायण प्रभु की कथा सुनने से अधिक सरल भक्ति का कोई और उपाय नहीं है। कथा इस प्रकार है–

काशीपुर नाम के ग्राम में एक परम निर्धन ब्राह्मण रहता था। वह भूख और प्यास से व्याकुल होकर पृथ्वी का भ्रमण किया करता था। उस ब्राह्मण को कष्ट और दुख से देखकर उसके कष्ट का निवारण करने के लिए ब्राह्मणों को विशेष प्यार करने वाले सत्यनारायण भगवान् स्वयं एक बूढ़े ब्राह्मण का वेश धारण कर वहां पर आए और उससे बोले–कि हे ब्राह्मण आप किस कारण दुःखी होकर और किस प्रयोजन की सिद्धि के लिए पृथ्वी पर भ्रमण करते हैं मुझे कुछ तो बताइये मैं इसे सुनने की इच्छा रखता हूं। यदि आप अपनी बात कहना उचित समझते हो तो मुझे बताइए।

यह सुनकर ब्राह्मण ने कहा कि मैं ब्राह्मण हूं ओर बहुत अधिक दरिद्र हूं। मैं इस धरती पर केवल भिक्षा प्राप्ति के लिए घूमता हूं। यदि आप मेरे पेट के भरने की कोई युक्ति बताए तो बहुत कृपा होगी।

उस वृद्ध ब्राह्मण वेश वाले प्रभु ने दूसरे ब्राह्मण से कहा कि हे मुनि रूप ब्राह्मण! सत्यनारायण विष्णु सारे फलों को देने वाले हैं आप उनकी पूजा कीजिए। उन्हीं के परम उत्तम व्रत को रखकर और उनकी पूजा करने पर आप संसार के दुःखों से मुक्त हो सकते हैं। भगवान् सत्यनारायण का व्रत इस रूप में करना चाहिए कि अपने बन्धु बान्धवों सहित प्रातः के समय ब्राह्मणों की पूजा करनी चाहिए और फिर केले के फल घी शक्कर गेहूं का आटा और यदि गेहूं न हो तो शाली का आटा लेकर शक्कर मिला कर इन सबको मिलाकर भगवान् की सेवा में समर्पित करे और फिर कथा का वाचन करे।

इस तरह सत्यनारायण भगवान् ने जब उस ब्राह्मण को कहा तो उसने

सत्यनारायण प्रभु का व्रत किया और पूरी विधान के साथ उसे पूरा किया। सत्यनारायण प्रभु अपनी बात कहकर अन्तर्निहित हो गए थे। उसके बाद उस ब्राह्मण को ईश्वर के चिन्तन से यह लगा कि स्वयं नारायण भगवान् ने ही मुझे इस व्रत के विषय में बताया है। यह जानकर वह मंदिर में चला गया और सत्यनारायण का व्रत रखने की भावना पूरी की। उसने रात्रि में निद्रा प्राप्त नहीं की क्योंकि वह केवल व्रत के विषय में चिन्ता करता रहा। फिर दूसरे दिन उसने व्रत रखा। व्रत के संकल्प मात्र से वह सिद्धार्थ हो गया था। उस दिन उसे पर्याप्त दान मिला और उसकी गरीबी दूर हो गई। इसके बाद उस ब्राह्मण ने अपने बन्धु बान्धवों के साथ मिलकर सत्यनारायण का व्रत किया। उसके बन्धु बान्धव भी कष्ट से मुक्त हो गये। उसके बाद जब तक वह जीवित रहा हर महीने व्रत करता रहा।

व्रत के प्रभाव से उस ब्राह्मण को दुर्लभ पद प्राप्त हो गया। भगवान् श्री कृष्ण ने नारद जी से कहा कि हे मुनि जब मेरा यह व्रत पृथ्वी में प्रचलित हो जायेगा तो मनुष्यों का दुख दूर हो जायेगा।

सूतजी ने मुनियों से कहा कि जिस तरह समस्त कथा भगवान् नारायण ने नारद जी से कही उसकी तरह मैंने आपको सुना दी। जो मनुष्य भक्ति भाव से पुराणों को सुनता और गाता है उसे अनेक तीर्थों के पुण्य फल प्राप्त होते हैं और वह परम मोक्ष पद को प्राप्त करता है।

यह सुनकर ऋषियों ने कहा कि उस ब्राह्मण से सुनकर इस व्रत को पृथ्वी पर किसने किया? यह भी हम सुनना चाहते हैं, क्योंकि इस तरफ हमारी विशेष श्रद्धा है। सूतजी ने कहा कि इस व्रत को पृथ्वी पर किसने किया, उसका वर्णन सुनो ! एक दिन श्रेष्ठ ब्राह्मण धन और ऐश्वर्य के अनुसार अपने बन्धुओं के साथ व्रत करने को तैयार हुआ। इतने में ही कोई लकड़ी के बेचने वाला आया। लकड़ी का बोझ बाहर रखकर वह ब्राह्मण घर में गया। उसकी आत्मा प्यास से विशेष व्याकुल हो रही थी, परन्तु वहां उस ब्राह्मण को व्रत करते देखकर लकड़ी बेचने वाले ने ब्राह्मण को प्रणाम कर कहा—हे प्रभो! आप यह क्या करते हैं और इसके करने से क्या फल मिलता है। यह सब विस्तार से मुझसे कहिए। ब्राह्मण ने कहा कि श्री सत्यनारायण का यह व्रत समस्त मनोरथों को पूरा करने वाला है, इस व्रत के प्रभाव से मुझे धन-धान्यादि की प्राप्ति हुई है। उस ब्राह्मण से

सत्यनारायण के व्रत की महिमा सुनकर वह लकड़ी बेचने वाला अत्यन्त प्रसन्न हुआ और प्रसाद को खा करके अपने नगर में गया और सत्यनारायण भगवान् के पूजन के लिए अपने मन में विचार करने लगा कि आज ग्राम में लकड़ियों को बेचने से जो रुपया मिलेगा उससे सत्यनारायण का उत्तम व्रत करूंगा। ऐसा सोच करके वह लकड़ी का बोझ अपने सिर पर रखकर जिस गांव में धनी लोग रहते थे वहां गया। संयोग से उस दिन लकड़ी बेचने से उसे दूनी आमदनी हुई। उस रुपये से वह बड़ी प्रसन्नता से पक्के केले के फल, चीनी, घृत, दुग्ध और गेहूं का आटा सबको सवाया, इकट्ठा कर अपने घर ले गया और बन्धु-बान्धवों को बुलाकर विधिपूर्वक व्रत किया। इस व्रत के प्रभाव से वह लकड़ी बेचने वाला धनवान और पुत्रों वाला हो गया और इस लोक में सुखी रह कर अन्त में बैकुण्ठ को चला गया।

सूतजी बोले कि हे मुनिसत्तमो सुनो और आगे की कथा कहते हैं–प्रजा का पालन करने से सर्वदा तैयार रहने वाला एक तुंगध्वज नाम का राजा था उसने सत्यनारायण के प्रसाद को त्याग किया जिससे उसको महादुःख मिला। एक दिन राजा वन में गया वहां उसने बहुत प्रकार से पशुओं का वध किया। पीछे वटवृक्ष के नीचे आया और वहां सत्यनारायण के पूजन को देखा, महा सन्तोषी भक्तियुक्त भाई सहित गोपगण वहां सत्यनारायण का पूजन कर रहे थे राजा ने देखा और अहंकार के मारे वहां नहीं गया, प्रणाम तक नहीं किया। पूजन के बाद गोपगण राजा के प्रसाद रख आये और प्रसन्नता से अपने आप प्रसाद का भक्षण करने लगे। राजा ने प्रसाद का त्याग किया जिससे राजा को दुःख मिला। उसके 100 पुत्र नाश हुए, धन्यधान्य सब नष्ट हो गया। तब उसे निश्चय हुआ कि सत्यनारायण ने ही सब कुछ नाश किया है। इससे उनकी ही शरण में जहां पूजन होता हो जाऊंगा। ऐसा मन में निश्चय कर गोपालों के पास गया। तब यह राजा सत्यनारायण की पूजा और व्रत गोपगणों के साथ भक्ति श्रद्धा से विधि से करने लगा। जिसके प्रताप से सत्यनारायण की कृपा से धन-पुत्र उसको सब कुछ हो गये और इस लोक में सुख भोगकर अन्त में सत्यनारायण के लोक को गया। परम दुर्लभ इस सत्यनारायण के व्रत को जो कोई करता है, तथा भक्ति युक्त फल को देने वाली इस कथा को जो कोई सुनता है।

उसे सत्यनारायण की कृपा से धन-धान्य पुत्र आदि सब होता है। दरिद्री को धन मिलता है। बन्धन में जो होता है उसे बन्धन से मुक्ति मिलती है। डरा हुआ जो होता है उसका डर छूट जाता है। यह सत्य है इसमें कुछ सन्देह नहीं है। मनवांछित फल भोग के वह सत्यनारायण के लोक को प्राप्त होता है। हे ब्राह्मणों! इस सत्यनारायण के व्रत को हमने तुमसे कहा, इसको जो कोई करता है वह सब दुःखों से छूट जाता है। विशेष कर कलियुग में सत्यनारायण की पूजा विशेष फल देने वाली होती है। इन सत्यनारायण भगवान् को कोई मनुष्य काल कहते हैं। कोई सत्य कहते हैं। कोई ईश कहते हैं। कोई सत्यदेव कहते हैं। कोई सत्यनारायण कहते हैं। ये नाना प्रकार के रूप रखकर सबको मनवांछित फल देते हैं। कलियुग में सत्यव्रतरूपी सनातन सत्यनारायण होंगे जो सबके मनवांछित फल देने को विष्णुरूपी भगवान् सत्यनारायण रूप धारण करते हैं। हे मुनि सत्तमो! जो इसको पढ़ता है या नित्य सुनता है श्री सत्यनारण की कृपा से उसके सब पाप नष्ट हो जाते हैं। हे मुनीश्वरों! सत्यनारायण के व्रत को जिन्होंने पहले किया है उनके पीछे जिसने किया है वह भी कहते हैं। महा बुद्धिमान शतानन्द ब्राह्मण सुदामा नाम का हुआ जो उस जन्म में श्रीकृष्णजी का ध्यान करके मोक्ष को पा गया। काष्ठ को बेचने वाला भिल्लराज गुह हुआ जो उसी जन्म में श्रीरामचन्द्रजी की सेवा करके मोक्ष को गया। उल्कामुख महाराज दशरथ हुए जो अपने जन्म में इक्ष्वाकु कुलगुरु रंगनाथजी की सेवा पूजा करके बैकुण्ठ को गये। धर्मात्मा सत्यवक्ता साधु वैश्य-मोरध्वज राजा हुआ जो अपना आधा शरीर आरे से कटवा कर ब्राह्मणों को दान दे मोक्ष को प्राप्त हुआ। तुंगध्वज राजा निश्चय ही स्वायंभुव मनु हुए, सबको श्री वैष्णुव भागवत स्वरूप करके श्री बैकुण्ठ लोक को गये।

❑❑❑